CW01018005

10 Bed-Time Stories in Spanish and English with audio download

Spanish for Kids – Learn Spanish with Parallel English Text

Table of Contents

Introduction v

A Foreword for Parents vi

Want the hands-free version? 1

Amandine y El Bosque Imaginario - *Amandine &*
The Imaginary Forest 3

Helena se Muda - *Helena Is Moving* 11

Erwan & La Música de las Esferas - Erwan &
The Music of the Spheres 17

Chloe & Las Cartas de La Fortuna - *Chloe & The Fortune Cards* 24

Léo & Basile El Gnomo - *Leo & Basile the Gnome* 30

Arthur Nevus & Los Lentes Celestiales - Arthur Nevus &
The Celestial Glasses. 36

¡Lo que No se Ve, No se Atrapa! - Not Seen, Not Taken! 43

Missa Rose en el País Cueva-en-Brac - Missa Rose in
Cave-in-Brac Country 48

Mateo No Comparte Nada - Mateo Shares Nothing 54

Sabrina & El Libro Mágico de Hechizos - Sabrina & The Book
of Magic Spells 59

Conclusion. 64

How to download the MP3?. 65

Introduction

Hello, young reader!

Are you ready to go on a fun reading adventure? Reading stories is already a magical activity on its own. But do you know what's even better? When the stories also help you learn a new language.

Well, this book can do just that. Super cool, right?

In this amazing book, you will find ten short stories that will:

- Take you on exciting adventures
- Help you become better at understanding English and Spanish
- Teach you to be a better listener with the narrated versions of the stories.

So, get ready to meet magical new characters and prepare to go on exciting quests.

Ready for your adventure? Turn the page and let's begin!

A Foreword for Parents

Congratulations on getting this book! Raising your kid to be bilingual is not an easy task. Buying this book, however, is one of the first steps you can take to help you towards that goal.

So, what exactly can you expect from this book?

- **You'll find ten different stories designed to be read by kids from ages 7 to 12.** Featuring a wide array of fun themes touching on dreams, quests, magic, and fantasy, you can rest assured that the material in this book is suited for children and is appropriate for your child's age.
- **The stories are written in parallel text.** Each paragraph is written in both Spanish and English — first in Spanish, then in English. You can also read the stories in Spanish only or in English only.
- **There is free audio material provided with this book.** You can access the audio at the end of the book. There are two audio files available: One in English, narrated by a native English speaker, and another in Spanish, narrated by a Spanish native speaker. The audio is designed to be a perfect supplement to help readers learn the correct pronunciation and improve their listening skills as well.

This book is suitable for your children, but the best part is you can enjoy it, too! Whether you want to improve your Spanish (or English) as well, or you are simply in it for the joy of reading a story, this book is also great for adults.

So, enjoy this with your children or on your own — either way, you are surely in for a great time!

Important ! The link to download the Audio/ MP3 is available page 65

Amandine y El Bosque Imaginario - *Amandine & The Imaginary Forest*

Link to download the audio is available page 65

El reloj despertador de Amandine acababa de sonar y, como todos los lunes, Amandine salió de la cama con la garganta cerrada. El lunes era un día especial para Amandine. Ella no quería dormir el domingo por la noche. El lunes es día de recitaciones.

Amandine's alarm clock had just rung. Like all Mondays, Amandine got out of bed with a tight throat. Monday was a strange day for Amandine. She didn't want to sleep Sunday night. Monday was recitation day.

Su mamá, viendo que el tiempo pasaba, gritó,

Her mom, seeing that time was short, shouted,

"¡Amandine! ¡Apresúrate y termina tu desayuno, llegaremos tarde!"

"Amandine! Hurry up and finish your breakfast, we are going to be late!"

Amandine respondió automáticamente.

Amandine answered without thinking,

"Si, Mamá."

"Yes, Mom."

Ella se apresuró y se unió a su madre en el coche. Amandine llegó a tiempo. Pronto sería su turno. El estudiante que le precedía había terminado.

She hurried and joined her mother who was waiting for her in the car. Amandine arrived on time. It was soon her turn. The student who went before her had just finished

"¡Muy bien mi querido Antoine, 20/20!" dijo el señor Moulinot, su maestro de escuela.

"Very good my dear Antoine, 20/20!" said Mr. Moulinot, his schoolmaster.

"Amandine, ¡es tu turno!"

"Amandine, it is your turn!"

Toda temblorosa, ella empezó a recitar el poema.

Trembling all over, she started to recite her poem.

"El cuervo y el zorro. Señor cuervo, ¡uh, cuervo! Subió sobre un árbol, ¡ah! En el árbol subió..."

"The crow and the fox. Master fox, um, crow! Perched on their tree, ah! On their tree perched..."

¡Nada de su recitación estaba bien! El veredicto final, 4/20. A Amandine no le gustaba memorizar. Ella pensaba, ¿qué importaba recordar todas esas historias?

Nothing about her recitation was right. The verdict was final: 4/20. Amandine did not like learning by heart. She thought to herself, what's the point in remembering all these stories?

Un día, mientras caminaba hacia su casa, y de mal humor, ella conoció a un anciano, su barba larga y grisácea.

One day, while she was walking home in a bad mood, she met an old man, his beard long and grizzled.

"¡Hola jovencita! ¿Por qué estás tan triste?

"Hey young girl! Why are you so sad?"

"¡No me gustan los lunes! Es el día de las recitaciones. ¡Todos estos cuentos son nada más que mentiras, cosas que no existen!

"I don't like Mondays! It's recitation day. The stories are nothing but lies, things that don't exist!"

El anciano saltó sorprendido.

The old man jumped in surprise.

"¡Pero mira! ¡Todos esos cuentos son bonitos y muy buenos!

"But, look! All these stories are beautiful and they are real!"

"¡No le creo!"

"I don't believe you!"

"¡Qué buena broma!"

"That's a good joke."

"Está bien, compruébelo."

"Okay, prove it to me."

Al anciano con apariencia de mago no parecía importarle.

The wizardly old man didn't let it bother him.

"¡Es tu deber descubrir la verdad, pequeña niña! Pero yopuedo ayudarte. Esta es una fórmula mágica – ¡te permitirá descubrir la verdad por tu cuenta!"

"It is for you to discover the truth, little girl! But I can help you. Here is a magical formula – it will enable you to discover the truth on your own!"

"¡Usted está bromeando!"

"You are kidding me!"

Amandine, quien no creía en magia, continuó su camino.

Amandine, who did not want to believe in magic, continued on her way.

"Como tú quieras, querida."

"Have it your way, my dear."

Amandine llegó a su casa. Mientras tomaba su merienda, abrió su libro para revisar sus tareas. Para su sorpresa, un mensaje las había reemplazado, como si fuese magia. En letras doradas, decía:

Amandine arrived at her place. Taking her snack, she opened her exercise book to check on her homework. To her surprise, a message had replaced it, as if by magic. Written in golden letters, it said:

Querida Amandine, ponte delante del amanecer. ¡No te engañes! ¡Dí el nombre de uno de tus poemas y di Poof! Luego respira. Firmado, El Mago.

Dear Amandine, put yourself near the sunrise. Don't get the direction wrong!! Give the title of one of your recitations and say Poof! Then breathe. Signed, The Magician.

El robó mi libro para escribir en él, seguro, pensó dentro de sí misma. ¡Veremos que dice mañana de noche! Pero ella no lo vio y pasó un mes.

He stole my exercise book to write in it, for sure, she thought to herself. We will see what he says tomorrow night! But she did not see him again and the months passed.

Mientras tanto, ella se mudó. En su nuevo cuarto, por casualidad, desde su escritorio podía ver el amanecer. Un día, Amandine intentó, pobremente, aprender su recitación. No lo recordaba.

In the meantime, she moved house. In her new bedroom, by chance, her desk looked out on the sunrise. One Sunday, Amandine tried, after a fashion, to learn her recitation. It did not come to her.

Frustrada, cerró su libro de poemas.

Frustrated, she closed her book of poems.

6

"¡He tenido suficiente! ¿A caso creen que aprenderé esto por arte de magia? ¡Lee 'El Saltamonte y la Hormiga' y Poof!" dijo ella, suspirando en desánimo.

"I've had enough! Do you believe that I will get there by magic? Read 'The Grasshopper and the Ant' and Poof!" she said, sighing with despair.

¡Demonios! Amandine se dió cuenta que había dicho la fórmula mágica. Ella colocó sus manos sobre su boca, y abrió sus ojos. Unos segundos pasaron, y ella esperó. Nada pasó.

Dang it! Amandine realized that she had said the magical formula. She clapped her hands over her mouth, her eyes wide open. A few seconds passed, and she waited. Nothing happened.

Contenta por tener razón, ella se levantó para buscar algunos dulces. Mientras se preparaba para salir, pegó un pequeño grito por miedo. ¡Estoy soñando! Se dijo a sí misma, ¡es imposible, los ratones verdes no existen!

Happy being right, she got up to look for some candies. As she was getting ready to go out, she let out a small cry of fear. I am dreaming! she said to herself, it is impossible, green mice don't exist!

No, ella no estaba soñando. Muy gentilmente, abrió la puerta de su habitación y salió. Ya no estaba en su casa, sino en un bosque magnífico. Un ratón verde se detuvo en el camino frente a ella. Con mucho coraje, Amandine decidió hablar con el ratón.

No, she was not dreaming. Very gently, she opened the door to her room and went out. It was no longer her home, but a magnificent forest in its place. A green mouse rummaged on the path in front of her. Plucking up courage, Amandine decided to talk to the mouse.

"Hola, Señor Ratón Verde. ¿Me podría decir qué es este lugar?"

"Hello, Mrs. Green Mouse. Can you tell me what this place is?"

El ratón verde, que parecía enfermo, respondió con una vocecita.

The green mouse, who seemed poorly, responded to her in a tiny voice.

"¡Es el bosque imaginario, claro!"

"It is the imaginary forest, of course!"

"¿Qué es el bosque imaginario?"

"What is this imaginary forest?"

"¡Bueno! ¡Es el lugar donde viven todos los seres imaginarios!"

"Well! It is the place where all imaginary beings live!"

Y con esas palabras, una fuerte y robusta liebre pasó a la par de ellos con gran velocidad, seguida por una tortuga que se movía lentamente.

And with those words, a strong and robust hare passed by at great speed, followed by a tortoise who was moving very slowly.

"¡Son la liebre y la tortuga del poema!" dijo Amandine.

"It's the hare and the tortoise from the fable!" said Amandine.

A su derecha, un zorro miraba hacia la cima de un árbol donde un cuervo tenía un pedazo de queso en su pico. Y, por allá, una hormiga y un saltamontes hablaban.

On her right, a fox looked towards the top of a tree where a chubby crow was perched with a piece of cheese in its beak. And over there, an ant and a grasshopper were talking.

"¡Todos ellos están aquí, es extraordinario!" Pero Señor Ratón Verde, ¿por qué está enfermo mientras que todos los demás aquí se ven en buena forma?"

"They are all here, it's extraordinary! But Mrs. Green Mouse, why are you so sick while everything else seems in perfect health?"

"Míralos a ellos, la liebre, la tortuga, el zorro, el cuervo y a todos los demás. Sólo hablan de ellos en tu escuela. ¡Pero ninguno habla del pequeño ratón verde! ¡Y es por eso que me estoy enfermando!"

"Look at those there, the hare, the tortoise, the fox, the crow, and all the others. All you talk about at your school is them. No one talks about the tiny green mouse anymore! And that's why I am sick right now!"

"¿De verdad?"

"Really?!"

El ratón verde exclamó,

The green mouse exclaimed,

"¡De verdad! ¡Si ustedes ya no hablan más de mí, yo desapareceré!"

"It's true! If you don't perform my story anymore, I will disappear!"

"¡De acuerdo entonces!"

"Oh my goodness!"

Amandine estaba completamente alterada. Ella pasó mucho tiempo con el ratón, visitando el bosque imaginario y conociendo a todos sus amigos de los cuentos. Pero Amandine se dijo a sí misma que debería regresar a casa porque sus padres empezarían a preocuparse.

Amandine was turned completely upside down. She spent a lot of time with the mouse, visiting the imaginary forest and meeting all of her friends from the fables. But Amandine told herself that she should go back home because her parents might begin to worry.

Al regresar, su madre entró repentinamente a su cuarto.

Upon returning, her mother suddenly entered her room.

"¿Amandine? ¡Ah, ahí estás! Pero qué hacías, ¡estuve llamándote durante un cuarto de hora! La cena está lista."

"Amandine? Ah, there you are! But what are you doing, I have been calling you for a quarter of an hour! Dinner is ready."

"Eh, si, si, estoy terminando de aprender mi poema y luego voy."

"Um, yes, yes, I am finishing learning my tale and then I'll come."

Después de ese día, sabiendo que todas esas historias eran reales, Amandine se las aprendió de corazón. Muy sorprendidos de ello, sus padres y su maestro, el señor Moulinot, ¡le felicitaron! Los lunes se convirtieron en el día favorito de Amandine, y muy gozosamente cantaba sus recitaciones antes de ir a la escuela.

From that day on, knowing that all those stories were real, Amandine learned them by heart. Very surprised by this, her parents and the schoolmaster, Mr. Moulinot, congratulated her! Monday had become Amandine's favourite day, and she joyfully sang out her recitations before going to school.

Un día, tenía curiosidad por algo. Entonces dijo la fórmula...

One day, she wanted to check something. So she said the formula

"Un ratón verde... y Poof," dijo ella, respirando emocionada.

"A green mouse...and Poof," she said, breathing excitedly.

Ella abrió la puerta, cuidadosamente viendo alrededor, ¡y ella vio al Señor Ratón Verde con buena salud! Amandine había sido exitosa. Encantada, ella continuó incansablemente contando sus historias, no solo para hacerse feliz a sí misma, pero más que nada para asegurar que su pequeño mundo siguiera viviendo alegremente.

She opened up the door, carefully looked around, and saw Mrs. Green Mouse in good health! Amandine had succeeded. Delighted, she continued tirelessly retelling her stories and reciting her tales, not just to make herself happy, but mostly to ensure that this little world could continue to live joyfully.

Helena se Muda - *Helena Is Moving*

Helena ha vivido en el mismo lugar desde que nació. Ella pasó de la cuna, a la escuela infantil, y luego a la escuela primaria en la misma ciudad. Ella tiene muy buenos amigos con los que se divierte todo el tiempo. Cada miércoles por la tarde, todos ellos juegan en el castillo del parque. El sábado, ella toma clases de danza. Uno podría decir que, para Helena, la vida es bella. Sus padres son muy amables, y ella tiene un hermanito que ahora tiene dos años y con quien se divierte mucho.

Helena has lived in the same place since she was born. She went from the crib, to nursery school, and now primary school, all in the same town. She has a lot of very nice friends with whom she has fun with all the time. Every Wednesday afternoon, they all go together to play in the castle park and, on a Saturday, they have a dance class. One can say that, for Helena, life is beautiful. Her parents are very nice and, what's more, she has a little brother who is now two years old with whom she often has a lot of fun.

La semana pasada, fueron al zoológico y pudo invitar a Samantha y a Melanie. El siguiente fin de semana, Stephanie las llevará a ella y a Anaelle al parque Asterix (un parque francés). Los amigos de Helena son su vida entera. Juntos, inventan cuentos, se preparan para exámenes, e intentan conquistar chicos. Además, cuando a Helena le gustaba a Bastien, pero tenía miedo de decírselo, sus amigas idearon un plan para que Helena y Bastien se juntaran. Helena recordaba el momento en el que sus amigas empujaron a Bastien de tal manera que se sentara a su lado en el bus escolar. El problema era que a Bastien le gustaba a Samantha. Pero, ya que Samantha era una de sus mejores amigas, ella no mostraba interés.

Last week, they went to the zoo and she was allowed to invite Samantha and Melanie. Next weekend, Stephanie is going to take her and Anaelle to Asterix park. Helena's friends are her entire life. Together, they invent stories, prepare for exams, and try to chat up boys. Moreover, when Helena was keen on Bastien, but was afraid to tell him, her friends came up with a plan for Helena and Bastien to meet. Helena will always remember the time her friends had pushed Bastien so that he sat right beside Helena on the school bus. The problem was that Bastien was rather fond of Samantha and as Samantha was one of her best friends, Helena didn't care.

Lo que Helena más disfrutaba eran las fiestas de cumpleaños de los domingos. ¡Había al menos uno cada mes! Eran en esos eventos en los que tenían las mejores fiestas de jugar a las escondidas. Jugaban al Monopoli, con buena paga, hacían tiendas en el jardín, y otros grandiosos juegos afuera. Helena y Samantha eran las más fuertes en el juego de patea la lata. Una vez, ellas tuvieron el privilegio de acampar en la casa de Julie. Hicieron un pequeño fuego en el campamento con su padre, y se contaron muchas historias que les dieron escalofríos.

What Helena liked the most was Sunday birthday parties. There was one almost a month! It was at those events that they had the best hide-and-seek games. They played Monopoly, with good pay, made huts in the garden, and other great outdoor games. Helena and Samantha were the strongest at Kick-the-Can. And one time, they were allowed to do some camping at Julie's place. They made a small campfire with her dad, and then they told many stories that gave them all goosebumps.

Pero un día, Helena notó algo muy extraño en su casa. En el garaje, encontró cajas apiladas una encima de la otra, algunas con los nombres de las habitaciones o artículos de hogar: cocina, platos: ¡ATENCIÓN! ¡FRÁGIL", Cuarto de Luca, Cuarto de Helena, etc...

"¿Es raro, no creen?" les dijo a sus amigas. Entonces, a medida pasaron los días, se dio cuenta que se estaba vaciando más su casa, justo hasta el día que empezó el drama. Era el sábado en la tarde, el día en el que ella se iba a danza con sus amigas, pero Helena y su hermano tuvieron que quedarse en casa con sus padres porque querían darle las noticias. Las noticias les cayeron como un trueno: ¡Nos mudamos! ¡Fue horrible!

But one day, Helena noticed something strange at her place. In the garage, she found boxes piled one on top of one another, some with the names of rooms, kitchen, bathroom, and dishes (ATTENTION FRAGILE!), Lucas's Room, Helena's Room...etc.

"It's weird, don't you think?" she said to her friends. Then, as the days passed, she found the house was being emptied more, right up until the day the drama began. It was a Saturday afternoon, and instead of going dancing with her friends, Helena and her brother had to stay with their parents because they wanted to tell them something. The news came like a thunder strike: they were moving! It was dreadful!

Todo pasó muy rápido. Helena tuvo gran dificultad para despedirse de sus amigas, quienes trataban de animarla. Lo peor de todo, es que la mudanza ocurriría durante las vacaciones de verano, ¡tiempo del año en el que tenía la mejor diversión con sus amigas! Marcharse fue muy difícil para Helena – ella no conocía a nadie en el lugar donde se iría su familia. Era la primera vez que se mudaba. Ella no sabía cómo tomarlo. Muchas vecesintentó integrarse, pero sin éxito. Un día, un grupo de chicos quisieron invitarle a jugar fútbol en el campo. Ella dudó. Primero, eran chicos, y a ella no le gustaban los chicos. Segundo, y más importante aún, no le gustaba el fútbol. Ella ya se había perdido todos los maravillosos momentos que hubiese podido tener con sus amigas. Aquí no había ninguna Samantha que hacía bromas todo el tiempo, ni una Melanie con la cual podía jugar rayuela, y ninguna Anaelle, ¡la campeona con el elástico!

Everything happened very quickly. Helena barely had time to say goodbye to her friends, who were trying to reassure her. On top of that, the move was taking place during the summer break, the time of year when she had the most fun with her friends! The start of the new school year was difficult for Helena — she did not know anyone there. As it was the first time she had moved, she did not know how to go about things. Many times, she tried to integrate, but to no avail. One day, a group of boys wanted to invite her to play football on the field. She hesitated. First, they were boys, and she didn't like boys. Second, and more importantly, she did not like football. She already missed all of the marvelous times she had had with her old friends. Here, there was no Samantha who made jokes all the time, no Melanie with whom she played hopscotch, and no Anaelle, the elastic champion!

No se puede decir que Helena no tenía voluntad, al contrario. Pasó mucho tiempo sola, hasta que un día, una oportunidad se le presentó por si sola. ¡Un grupo de niñas aceptaron que Helena se les uniera! Eran un grupo de cuatro, ahora cinco incluyéndola a ella. Estaban Patty, que era grande y fuerte; Christelle y Coralie, que eran hermanas gemelas; y Nora quien era pequeña pero muy rápida.

You can't say that Helena was unwilling, though. Quite the contrary. She spent a lot of her time alone, until one day, an opportunity finally presented itself. A group of girls accepted Helena joining them! They were a group of four, and now five including her. There was Patty, who was tall and strong, Christelle and Coralie, who were twin sisters, and Nora, who was small but very fast.

Helena fue aceptada muy rápidamente, aunque pronto se le presentó un problema. Sus nuevas amigas eran unas verdaderas bromistas – hacían bromas todo el tiempo. Pero no importaba. ¡Helena no podía estar más tiempo sola! Era necesario, a cualquier costo, que ella se llevara bien con las primeras amigas que había encontrado. Y justo así, poco a poco, Helena se vio obligada a participar en las bromas de sus nuevas amigas. Un día, ella tuvo que llenar el lavabo con papel higiénico y dejar la llave abierta para que el agua rebosara, ¡provocando una inundación en el baño de las niñas! Ella no estaba orgullosa de sí misma, pero no tenía opción, de lo contrario, ella podía perder a todas sus amigas. En otra ocasión, sus amigas le pidieron que borrara todos los pizarrones en las

aulas de clases durante el recreo. Después, lograron que ella regara los tubos de pintura, robara las plumas de Vivien y que tirara su vaso en la cafetería. Ellas continuaron hasta que, un día, cogieron a Helena con las manos en la masa.

Helena accepted, although a problem soon presented itself. Her new friends were real pranksters — they fooled around all the time. But, never mind that. Helena could not stand to be all alone anymore! Whatever the cost, she had to get along well with the first friends she found. Just like that, little by little, Helena found herself obliged to participate in the pranks of her new friends. One day, she had to fill up the wash basin with toilet paper and leave the tap running so that the basin overflowed everywhere, creating a flood in the girls' bathroom! She was not at all proud of herself, but she did not have any other choice. Otherwise, she would lose all her friends. Another time, they got her to erase the entire chalkboard in the classroom during recess. Then, they got her to spill the paint tubes, to steal Vivien's pens, and knock over her glass in the cafeteria. It continued until, one day, Helena got caught red-handed.

Sus amigas le obligaron a escribir malas palabras en el pizarrón. Mientras ella lo hacía, ¡la señora Hubert entró al aula! La sentencia fue instantánea: duranteuna semana ella debía escribir doscientas veces al día el código de conducta en la escuela. Además, a Helena no se le permitía salir de casa, ¡y no se le permitiría ver televisión durante quince días! Nada había salido en su defensa.

When she had to, against her will but she had to, write swear words on the chalkboard, Mrs. Hubert suddenly entered the classroom! The punishment was instantaneous: for one week, she had to copy two-hundred times per day the school's code of conduct. In addition, Helena was not allowed to go out, and she was not allowed to watch television for fifteen days! No explanation worked in her favor.

Helena aprendió la lección. ¡Era mejor estar sola que mal acompañada! Ella se juró a si misma que no tendría nunca más amistades con malas personas. Afortunadamente, Helena hizo nuevas amistades muy rápidamente, amigas con las que tenía tanta diversión al igual que antes. Y finalmente, un año más tarde, ¡Helena se encontró a sus amigas en el colegio! Ella presentó sus nuevas amigas con sus viejas amigas y, juntas, ellas formaron un magnífico equipo de danza.

Helena learned her lesson. It was better to be all alone than to be with bad company! She swore to herself never to be friends with bad people ever again. Fortunately, Helena made some new friends very quickly and with whom she had fun with just as much as before. And the icing on the cake was when, one year later, Helena found all her friends again in college! She acquainted her new friends with her old friends and, together, they created a magnificent dance team.

Erwan & La Música de las Esferas - Erwan & The Music of the Spheres

Erwan es un joven muchacho muy curioso, pero también algo perezoso. Le gusta leer, escribir de vez en cuando, y escuchar música. Él muestra interés en todas las asignaturas de la escuela – historia, matemáticas, español, y así sucesivamente. A pesar de ello, hay algo que detesta más que nada, a Erwan no le gusta que le den órdenes. Tan pronto como se siente obligado a algo, pierde todo el interés en el tema. En este punto, otro problema es que a los padres de Erwanles gustaría desesperadamente que el tocara música clásica. No es muy malo porque a él le gusta la música. Pero ahora se siente obligado a ello, por lo que ya no le gusta.

Erwan is a young boy who is usually curious, but also a bit lazy sometimes. He likes to read, write from time to time, watch movies, and listen to music. He is interested in all the subjects in school – history, math, French, everything. However, there is one thing he detests more than anything else. Erwan does not like to be told what to do. As soon as he is obliged to do something, he loses all interest in it. Now, the problem is that Erwan's parents desperately want him to play classical music. It is too bad, because he really liked music but now he feels obliged to do it, and therefore does not like it anymore.

Cada vez que va al conservatorio, es como una tortura. Leer música le es terriblemente aburrido. Él se pregunta a si mismo porque le obligan a hacer esto, porque debe aprender música. Por encima de todo, el Sr. Constant, su maestro de música, no le agrada en absoluto. El maestro cree que Erwan es particularmente perezoso y no quiere voluntariamente interesarse en su educación musical.

"¡Eso no es cierto!" responde Erwan "¡Yo soy alguien bien curioso, yo sé de esto!» él agregó. Él no tenía nada que hacer. Un día, le castigaron mediante el escribir la partitura de "Por la Luz de la Luna" hasta el final de la clase. Él había tenido suficiente, Erwan no quería ir más al conservatorio, pero tenía que ir a la clase hasta el final del periodo.

Each time he goes to the conservatory, it is like torture. Music theory seems terribly boring to him. He asks himself why he is obliged to do this, why he absolutely must learn music. To top it all off, Mr. Constant, the music teacher, does not like him at all. He finds, justifiably, that Erwan is particularly lazy and he does not voluntarily interest himself in musical education.

"That's not true!" responded Erwan. "On the contrary, I am someone who is very curious, I know this!" he added. There was nothing to be done. One day, as a punishment, he had to write the entire score of "Au Clair de la Lune," right up until the end of class! He had had enough, Erwan did not want to go to the conservatory anymore, but he had to wait until the end of the term.

Justo el día antes de las vacaciones, se le preguntó a Erwan que instrumento escogería para el inicio del año escolar. Completamente desinteresado, el respondió aleatoriamente,

"El piano… ¡si, el piano es una buena elección!"

Las vacaciones pasaron y, a la vuelta, Erwan estaba completamente decidido. Él no estaba interesado en la música, así que se iría al terminar el periodo de clases. De igual forma, su primera clase sería su lección de piano, y no tendría que complacer al Sr. Constant porque él estaría enseñando el violín.

On the last day before the holidays, Erwan was asked what instrument he was going to choose for the start of the school year. Completely disinterested, he responded haphazardly,

"The piano ... yes, the piano is a good choice!"

The holidays passed and, upon his return, Erwan was truly decided. He was still not interested in music, so he would leave at the end of the term. All the same, the first class would be his piano lesson, and he would not have to please Mr. Constant because he would be teaching violin.

Llegó frente a su sala de piano, tocó la puerta, esperó algunos segundos, y luego entró. Contrariamente a lo que había imaginado, era un cuarto hermoso con luces ámbar muy cálidas y tranquilizantes. Un espléndido piano negro le esperaba, colocado justo en el medio de una magnífica alfombra. Su maestro lo saludó muy cálidamente. El maestro era relativamente joven y con hermoso cabello largo. Parecía muy amable.

He arrived at the door of the piano room, knocked on the door, waited a few moments, and then entered. Contrary to what he had imagined, it was a very beautiful room with calming and soothing amber lights. A superb black piano waited for him, placed in the middle of the room on a magnificent carpet. His teacher welcomed him warmly. He was fairly young and had very beautiful long hair. He seemed very nice.

"Hola, mi querido Erwan, soy el Sr. Sérap. ¡Tú has elegido el piano, excelente elección!"

"Hello, my dear Erwan. I am Mr. Sérap. You have chosen the piano, good choice!"

Erwan tenía un poco de vergüenza.

Erwan was a little bit shy.

"Bien. Para empezar, tendremos una pequeña conversación antes de empezar a tocar, ¿te parece bien?"

"Good. To start, we will chat a little before we begin to play, does that sound good?"

Erwan aceptó. Aquí es donde su nuevo maestro empezó a contarle una historia admirable sobre los orígenes del piano, su historia, como

se había creado y por qué, y, ¡lo que podía hacer con él! El primer día, Erwan no tocó ni una tecla del piano. Le encantaba ir – todas las historias que contaba el Sr. Sérap eran geniales.

Erwan agreed. That is when his new teacher began to tell him an admirable story about the piano's origins, its history, how it was created and why, and what he could do with it! The first day, Erwan did not touch even one key on the piano, nor on the second day, or the third. He loved to go – all the stories that Mr. Sérap told were so interesting.

En el séptimo día, Erwan fue a su lugar habitual dentro de la sala de piano. Por primera vez, el vio a su maestro sentado detrás del piano. El Sr. Sérap le preguntó a Erwan si podía sentarse junto a él.

On the seventh day, Erwan went as usual to the piano room. He went in and, for the first time, he saw his teacher seated behind the black piano. Mr. Sérap asked Erwan to sit beside him.

"Hoy, mi querido Erwan, vamos a hablar de la verdadera historia que la música quiere que escuchemos sin cesar. ¿Estás listo?"

"Today, my dear Erwan, we are going to talk about the true story that music continually tells us. Are you ready?"

"¡Definitivamente" Pero, ¿cómo es que la música nos contará una historia si no tiene una boca?" exclamó Erwan.

"Definitely! But how can music tell us a story if it doesn't have a mouth?" exclaimed Erwan.

"¡Enderézate! Abre tus grandes orejas – ellas serán tus ojos el día de hoy, ¿está bien?

"Don't be mistaken! Open your ears wide – they will be your eyes today, okay?"

"¡Sí! Respondió Erwan, quien ansiosamente quería ver lo que su maestro le presentaría.

"Yes!" responded Erwan, anxiously waiting to see what his teacher would present him with.

"Te contaré un secreto. Pero ten cuidado, ¡es sagrado! Y todo lo que es sagrado, ¡se mantiene!" dijo el Sr. Sérap riéndose. "Estoy bromeando, mantén el secreto contigo, y no le digas a nadie."

"I am going to tell you a secret. But be careful, a secret is sacred! And everything that is sacred, is binding!" said Mr. Sérap laughing. "I'm joking, keep the secret to yourself, and do not tell anyone."

"¡Es una promesa! dijo Erwan.

"It's a promise!" said Erwan.

"Bien, ¿sabías que la música, mientras se toca, crea esferas?"

"Well then, did you know that music, while it's being played well, creates spheres?"

"¿Esferas?" dijo Erwan con asombro. "¡Nunca he visto esferas cuando escucho música!"

"Spheres?!" said Erwan in amazement. "I have never seen spheres when listening to music!"

"¿Ah, si? Bueno, entonces acércate y concéntrate."

"Oh yah? Well come a little bit closer and concentrate."

Erwan se acercó y escuchó mientras el Sr. Sérap interpretaba una pieza escrita por Erik Satie.

Erwan picked up his ears and listened while Mr. Sérap played a piece by Erik Satie.

"Es la Gnosienne #1," susurró mientras tocaba.

"It is the Gnosienne #1," he whispered softly while playing.

"¡No veo nada!" remarcó Erwan.

"I don't see anything!" Erwan remarked.

"Concéntrate un poco más. Lo verás, va a venir..."

"Concentrate a little bit more. You will see, it will come..."

Así que Erwan intentó fuertemente concentrarse. Permitió absorberse por la música y luego, de la nada, vió una pequeña esfera salir del piano. Se parecía mucho a una burbuja de jabón con colores reflejados.

So Erwan tried his hardest to concentrate. He allowed himself to be absorbed by the music and, all of a sudden, he thought he saw a small sphere coming out of the piano. It resembled a soap bubble with reflecting colors.

"¡Guau! ¡Es fantástico! ¿Qué es?" preguntó.

"Wow! It's fantastic! What is it?" he asked.

"Esto, mi querido Erwan, ¡es lo que llamamos Música de las Esferas! ¿Y sabes qué podemos hacer con ellas?"

"This, my dear Erwan, is what we call the Music of the Spheres! And do you know what we can do with it?"

"No," respondió Erwan.

"No," responded Erwan.

"Dentro de estas esferas, hay otro mundo, un universo entero el cual puedes explorar."

"Inside one of these spheres, there is another world, an entire universe which you can explore."

"¿De verdad?" preguntó Erwan, completamente asombrado.

"For real?" asked Erwan, totally amazed.

"¡Sí" ¡Cada pieza música tiene su propia esfera, y su propio universo!"

"Yes! Each piece of music has its own sphere, its own universe!"

"¿Y cómo vamos ahí?" consultó Erwan curiosamente.

"And how do we go there?" inquired Erwan curiously.

"Para eso, ¡es necesario que toques la música tú mismo!"

"For that, it is necessary to play the music yourself!"

"Entonces, ¡es absolutamente necesario que aprenda a tocar el piano! Dijo Erwan felizmente.

"Then I absolutely have to learn how to play the piano!" said Erwan happily.

Erwan se entrenó por sí solo lo más que pudo. Aprendió las notas musicales, piezas, teoría y el piano. Casi todos los días hacía tiempo para entrenar por su cuenta. Sus padres estaban encantados y el Sr. Constant ya no lo molestaba más. Un día, después de haber practicado por mucho tiempo, se puso detrás del piano en el cuarto de música, cerró sus ojos y empezó a tocar. Sus manos resbalaban sobre las teclas del piano sin esfuerzo, creando una melodía suntuosa. En ese momento, mientras el tocaba sin pensar mucho, el entró a ese mundo escondido dentro de la esfera que apareció sobre el piano. ¡Erwan no podía creer lo que miraba! Este mundo era magnífico, habitado por un número de criaturas que solamente se encuentran en los cuentos de hadas.

Erwan practiced as often as he could. He learned musical notes, scores, theory, and the piano. Almost every day he found time to practice. His parents were delighted and Mr. Constant did not bother him anymore. One day, after he had been practicing for a long time, he settled at the piano in the music room, closed his eyes, and started to play. His hands glided over the piano keys effortlessly, creating a sumptuous melody. In that moment, while he was playing without thinking, he was able to enter the hidden world in the sphere that was released from the piano. Erwan could not believe his eyes! This world was magnificent, inhabited by numerous creatures typically found in fairy tales.

A partir de ese día, Erwan entrenaba día y noche. Eventualmente, se convirtió en uno de los mejores músicos del mundo y, claro, uno de los primeros compositores de la Música de las Esferas, por el cual fue reconocido.

From that day on, Erwan trained night and day, becoming one of the best musicians in the world and, of course, one of the first writers of Music of the Spheres, for those who could recognize it, of course.

Chloe & Las Cartas de La Fortuna - *Chloe & The Fortune Cards*

Chloe siempre ha sido una niña muy brillante. Ejemplar en todos los campos, ya sea en deportes o en gramática, Chloe siempre estaba convencida de que ella es, ¡y siempre sería la mejor! Aunque Chloe era muy buena, había algo para lo que no tenía talento. Ella siempre intentaba escondérselo a los demás, pero poco a poco se le hacía mucho más difícil. Chloe tenía miedo al futuro. A ella no le agradaba porque no sabía que es lo que le iba a suceder. Sin duda, eso era en lo que ella era más fuerte – el no saber qué es lo que pasaría. Chloe prefería calcular todo, aunque, a medida que Chloe crecía, se le hacía más y más difícil anticipar todo.

Chloe has always been a very bright girl. Exemplary in all areas, whether sports or grammar, Chloe is, and will always be, the best, such were her beliefs! Although Chloe is excellent, there is one thing she is not so talented at. While she has always tried to hide it from others, it has become more and more difficult. Chloe is actually afraid of the future, she doesn't like not knowing what will happen to her. Without a doubt, that is why Chloe has always been the best. Never knowing what could happen, Chloe preferred to plan and calculate everything. However, as Chloe gets older, and more and more things happen, it becomes very hard for her to anticipate everything.

Era necesario que encontrara una solución. Ya fuera en la mañana durante el desayuno, durante la tarde en la cafetería, o en la noche durante la cena, Chloe pensaba mucho sin parar. Ella lo había pensado todo, pero nada se le ocurría. Un día, mientras caminaba con sus padres en el Barrio Latino de Paris, algo le llamó su atención. Detrás de una ventana de una boutique muy peculiar, con solo unos cuantos libros dentro de ella, había un pequeño mueble con un juego de cartas. Debajo de esto habían inscritas unas palabras que decían *"El futuro da miedo, no le gustaría saber su destino y descubrir que es lo que depara su futuro – éste es el juego para usted, ¡por solo 12€!"*

She had to find a solution. Whether it was in the morning at breakfast, in the afternoon in the cafeteria, or in the evening at dinner, Chloe racked her brains without stopping. She had thought of everything, but nothing came of it. It was impossible to find an idea that would save her and the clock was ticking. One day, while she was walking with her parents in the Latin Quarter of Paris, something caught her eye. Behind a window of a peculiar boutique, with only a few books in it, there lay on a small stand a game of cards. Underneath it were inscribed the words: "The future scares you, you would like to know your destiny and discover what your future holds for you –this game is for you, for only €12!"

¡Esto es justo lo que necesitaba! Después de duras negociaciones, Chloe obtuvo sus 12€ de sus padres y el juego de cartas estaban en su posesión. No eran cartas ordinarias – muy lejos de eso. Cada una tenía una imagen diferente y un número romano. Esto no era ningún problema para Chloe, quien podía contar hasta el veintinueve en número romanos. Se incluía una pequeña guía junto con las cartas. A pesar de ello, no era tan sencillo como se mostraba. Chloe tuvo que aprender el significado de las imágenes. Había de varios tipos – un sol, una estrella, una luna, incluso había uno con un esqueleto, ¡y otra que representaba un verdugo!

That's what she needed! After a few tough negotiations, Chloe obtained the 12€ from her parents and the card game was now in her possession. Once back home, Chloe locked herself away in her bedroom and unwrapped the pack of cards. They weren't just ordinary cards – far from it, each one had a different image and a roman numeral on it. This was not a problem for Chloe, who knew how to count up to at least twenty-nine in Roman numerals. A small guidebook was included with the cards. It wasn't as simple as that, though. Chloe had to learn the significance of the images. There were all sorts of them – a sun, a star, a moon, and there was even one with a skeleton, and another that resembled a hangman!

Mientras estudiaba las cartas descubrió que predecir el futuro dependía mucho de cómo se jugaban las cartas. Cuando sintió que había aprendido lo suficiente, decidió realizar una prueba. Una noche, decidió que ella cambiaría la posición del cuchillo y tenedor de su padre, para ver qué dirían sus padres luego. Ella cuidadosamente colocó las cartas de la fortuna, les dio vuelta, y luego las analizó detenidamente a medida las colocaba. No había duda – las cartas predecían una serie de eventos. ¡Engañaría a su padre para que comiera! Por lo que, esta noche se apuraría a preparar la mesa, y sentarse antes de que sirvieran la comida.

It was when Chloe was studying all the cards that she discovered it was the manner in which the cards were played that predicted the future. When she felt she had learned enough, she decided to do a test. One night, she decided she was going to change the place of her father's knife and fork, then see what her parents said. She carefully placed the fortune cards into a cross, turned them over, and then analyzed each of them thoroughly and how they were placed. There was no doubt – the cards were very clear in predicting the series of events. Her father would choose the wrong piece of cutlery for eating. Thus, tonight she hurried to set the table, and sat before the meal was even served.

"¡Bien, bien, nos gusta verte venir temprano como hoy!" dijo su madre contenta.

"Well, well, we like to see you come early like this more often!" said her mother jokingly.

Después de unos minutos, el momento que tanto esperaba llegó. Todos tomaron su asiento y se sirvió la comida. El enfoque estuvo en su padre. Chloe se estaba poniendo impaciente. "Vamos, vamos, sírvete tu solo papá, ¡apresúrate!" pensó Chloe, quien no podía esperar más. Aunque asustado por el comportamiento de su hija, su padre extendió su mano. Un poco más, y, ¡finalmente! Sin darse cuenta, el agarró el cuchillo en lugar del tenedor.

"¡Eureka!" gritó Chloe, "¡Funciona! Las cartas tenían razón, ¡te serviste incorrectamente!"

After a few minutes, the moment she had been waiting for arrived. Everyone took their seats and the meal was served. Watching her father carefully, Chloe was growing impatient. Come on, come on, pick up your cutlery dad, go on! thought Chloe, who could not wait any longer. Although shocked by the behavior of his daughter, her father reached out his hand. A little more, and, at last! Without realizing it, he held the knife rather than the fork.

"Eureka!" shouted Chloe, "It works! The cards were right, you picked the wrong piece of cutlery!"

Chloe finalmente había encontrado la solución a sus problemas. Ella lo había intentado muchas veces, y sin duda, las cartas habían predicho el futuro con una exactitud impecable. Aliviada, Chloe pudo continuar viviendo con una vida más pacífica. Eso duro poco hasta que, un día, algo terrible pasó. Las cartas entregaron un mensaje horroroso. Chloe no pudo creer sus ojos - ¡las cartas habían predicho que tendría que repetir una clase!

Chloe had finally found a solution to her problems. She tried it many times, and without fail, the cards predicted the future with impeccable accuracy. Relieved, Chloe could finally live a more peaceful life. That lasted a little while until, one day, something terrible happened. The cards delivered a horrifying message. Chloe could not believe her eyes – the cards predicted that she would have to retake a grade!

Intrigada, Chloe volvió a empezar muchas veces, pero el veredicto era el mismo en distintos intentos. Llena de pánico, Chloe rompió todas las cartas. ¡Era imposible! Ella era exitosa en todo - ¡ella no podía repetir ninguna clase! El día siguiente, sin embargo, su predicción fue confirmada. En deportes, mientras ella corría, uno de sus cordones de sus zapatos se desamarró. Ella tuvo que detenerse a amarrarlo haciéndola perder mucho tiempo. Chloe, quien siempre llegaba en primer lugar, casi llega de último. Ese mismo día, olvidó muchas palabras de su discurso, ¡algo que nunca le había ocurrido a ella!

Intrigued initially, Chloe started over many times, but the same verdict came about several times. Panic-stricken, Chloe tore up the cards. It was impossible! She succeeded at everything – she could not retake a grade! The very next day, however, the prediction the cards made was confirmed. In sports, while she was running, one of her laces came undone. She had to stop to tie it, and she lost a lot of time. Chloe, who always came in first, almost came in last. That very same day, she forgot several words in her memory writing, something that never happened to her!

Ella se dijo a si misma que las cartas nunca mentían, y que el repetir su clase era inevitable. Conociendo el resultado, ella dejó de trabajar. Su destino era cierto, y no era su decisión. Ella continuó recibiendo malas notas y sus padres se preocuparon. ¿Cómo era posible que su hija, quien era muy inteligente, se colapsara de esta manera? Chloe no podía parar de pensar. Justo cuando pensaba que se había perdido toda esperanza, rehusó aceptar la derrota y empezó a trabajar arduamente nuevamente. "¡No dejaré que esto me derrote!" se dijo a sí misma. Lentamente, pero con seguridad, ella volvió a la cima. El final del año llegó y Chloe estaba asustada de que no podría recuperar todo lo que había perdido.

She told herself that the cards never lied, that was obvious, and that she was going to retake her grade. Knowing the result, she stopped working. Her destiny was certain, and she wasn't the one who had decided it. She continued to get bad grades, and her parents were worried. How could their daughter, who was so smart, collapse like this? Chloe could not stop thinking about it. Just as all hope seemed to be lost, and refusing defeat, she began working harder. I will not let this defeat me! she said to herself. Slowly, but surely, she climbed back up. The end of the year arrived and Chloe was scared that she would not be able to make up what she had lost.

El último día llegó. Temblando del miedo, Chloe esperó sus resultados. ¿Tendría ella que repetir su clase o pasaría al próximo grado? Una persona más y sería su turno. ¡Eso era todo! Chloe finalmente recibió las notas de sus evaluaciones. Estaban escritas en letras rojas: "¡Felicidades, pasaste!" ¡Chloe gritó con alegría! No había nadie con notas reprobadas.

The final day had arrived. Trembling with fear, Chloe awaited her results. Would she have to retake the grade or would she move on to the next grade? One more person and then it was her turn. That was it! Chloe had just received the marks of her evaluations. Written in red pen beneath was written: "Pass with highest honours!" Chloe shouted with joy! That was one less.

Algunos meses más tarde, en sus primeros días de regreso a clase, Chloe se abstuvo de pensar en todas esas historias. Ya fuera su destino o no, lo que cuenta no es el destino final, sino el camino hacia su destino. Ahí es donde todo sucede. Finalmente, se dijo a sí misma, ¡el futuro no se escribe, se vive!

A few months later, on the first day back at school, Chloe could not stop herself from thinking about all of the stories. Whether there is a destiny or not, what counts is not the final destination, but the path taken towards it. That is where everything happens. Finally, she told herself, the future isn't written, it is lived!

Léo & Basile El Gnomo - *Leo & Basile the Gnome*

Leo era un pequeño niño que nunca tuvo mucha suerte. Él vivía en un pueblo pequeño del país, en una casa muy pequeña, y era el niño más pequeño de todo su clase. La familia de Leo era muy humilde y su único amigo era su perro Michi.

Leo was a little boy who had never really had a lot of luck. He lived in a small village in the country, in a very small house and, what's more, he was the smallest boy in his grade. Leo's family was humble and his only friend was his dog, Michi.

Frecuentemente, Leo y Michi caminaban por bosque durante toda una tarde. Sus compañeros de clase, quienes no le caían muy bien, pasaban el tiempo frente a las pantallas de sus computadoras o jugando a video juegos. Sus compañeros no eran muy amigables con él porque su casa era muy pequeña y no tenía mucho dinero en el bolsillo para comprar dulces en la tienda del pueblo. A Leo no le gustaban los dulces de igual forma. Es cierto, claro, que él tenía lo suficiente para vivir dentro de su pequeña casa.

Often times, Leo and Michi went walking in the woods for an entire afternoon. His schoolmates, who didn't like him very much, spent this time in front of computer screens or playing video games. His schoolmates were not very friendly to him because his house was very small and he had no pocket money to buy candy from the shop in the village. Leo did not like candy, anyway. It's true, though, that he had had enough of living in a small house.

En la escuela, nadie quería pasar el rato con él. Leo no era el peor estudiante, pero tampoco era el primero de la clase. El niño más popular de su clase era Benoit Alphonse. Su padre era un dentista y su madre una veterinaria. Ellos eran ricos y tenían una casa muy enorme. Benoit era ciertamente el más malo de todos sus compañeros. En la mañana, él salió del convertible de su padre y lo primero que hizo fue quitarle la mochila a Leo y vaciar todo su contenido en el suelo.

At school, nobody wanted to sit next to him. Leo was not a bad student, and neither was he the brain of the class. The brightest boy in his class was Benoit Alphonse. His father was a dentist and his mother was a vet. They were rich and had an enormous house. Benoit was certainly the meanest out of all of his classmates. In the morning he got out of his father's convertible and the first thing he did was remove Leo's backpack and all his belongings fell on the ground.

Un día, Leo decidió que iría al bosque por sí solo. Leo tenía una idea en su cabeza y un gran proyecto. Él quería construir una gran cabaña, tan grande que su clase podría llegar. El incluso dibujó el plano entero para su futura casa, ¡la cual llamaría la Villa Leo!

One day, Leo decided he would go to the forest alone this time. Leo had an idea in his head, a big project. He wanted to construct a huge cabin, so big that his class could get in there without being squashed. He even drew up an entire plan for his future house, which he would call Villa Leo!

Comenzó a recoger todas las ramas que necesitaría, hizo varios montones y recogió muchas hojas para hacer el tejado. Tendría que dejar huecos para las ventanas y sobretodo, fabricar una puerta colosal para que diera la impresión que estabas entrando en una gran mansión.

He started by gathering all the branches that he needed, made many piles, and then gathered a lot of leaves for the roof. He had to leave a few spaces free for the windows and, most importantly, to construct a colossal door to give the immediate impression that one was in a very large home.

Una vez terminado el trabajo, Leo anunció a sus amigos que tenía una nueva casa. En un principio no le creyeron, pero Leo les convenció exitosamente y decidieron ir la próxima tarde. Al día siguiente, para su sorpresa y decepción, se dio cuenta que su cabaña había colapsado. El techo apenas se sostenía sobre los restos de la cabaña. Justo en ese momento, llegaron sus compañeros. Ellos no perdieron la oportunidad para molestarle. Triste, Leo se fue para su casa. Su perro, Michi, quien lo conocía bien, se acercó a él para darle afecto. Pero no fue suficiente para consolarlo.

Once he finished the work, Leo announced to his friends that he had a new house. They did not believe him at first, but Leo was successful in convincing them, and they would to go to visit the next afternoon. The very next day, to his surprise and disappointment, he found that the cabin had completely collapsed. The roof was sagging badly on the rest of the cabin. At that very moment, his schoolmates arrived. They did not miss the opportunity to mock him for it. Sad, Leo went back to his home. His dog, Michi, who knew him well, approached him to give some affection. But this wasn't enough to comfort Leo.

Algunos días pasaron y Leo decidió finalemente que no debía rendirse. Tras dibujar los nuevos planos para su cabaña, tomó algunas herramientas de su padre y se dirigió al bosque nuevamente. Durante toda la tarde, trabajó con gran ímpetu en la reconstrucción de su súper cabaña, pero, sin éxito. Esta vez, su casa había colapsado justo en el momento que colocó la última rama. Con lágrimas en sus ojos, Leo se sentó en el tronco de un árbol, con su cabeza sobre sus brazos. Justo cuando había perdido toda esperanza, algo sacó a Leo de su tristeza. Alguien le estaba tirando levemente de su abrigo.

A few days passed and Leo finally decided not to let it bring him down. Drawing up new plans for his cabin, he took a few tools from his father and went into the forest again. For an entire afternoon, he worked with great courage on the reconstruction of his superb cabin. But, to no avail. This time, his house collapsed the very moment he set down the last branch.

With tears in his eyes, Leo sat down on a tree stump, with his head buried in his arms. Just as all hope seemed lost, something brought Leo out of his sadness. Someone was pulling lightly on his coat.

"¿Hey? ¿Señor Pequeñín?

"Hey? Mr. Little Boy?"

Leo levantó su cara y brincó en sorpresa. Una persona pequeña, no más grande que un zapato, le estaba viendo.

Leo lifted his head and jumped in surprise. A small person, no bigger than a shoe, was looking at him.

"¿Qué pasó Señor Pequeñín? ¿Por qué está tan triste?"

"What happened Mr. Little Boy? Why are you so sad?"

Sorprendido que alguien pudiese ser más pequeño que él, Leo secó sus lágrimas y respondió.

Surprised that someone could be smaller than him, Leo dried his tears and responded.

"Soy pequeño, no tengo dinero en mi bolsillo, mi casa es muy pequeña, y por encima de ello, no tengo amigos. Quería construir una super cabaña, pero, claro, no pude."

"I am small, I do not have any pocket money, my house is very small, and on top of that, I don't have any friends. I wanted to build a superb cabin, but I can't."

"Ya veo," dijo la personita. "¿Y cuál es tu nombre?"

"I see," said the small person. "And what is your name?"

"Mi nombre es Leo, y tú, ¿tú que eres, y por qué eres tan pequeño?"

"My name is Leo, and you, who are you, and why are you so small?"

"Yo, ¡soy Basile el Gnomo!" dijo la personita alegremente. "Los gnomos siempre somos pequeños."

"Me, I am Basil the Gnome!" said the small person gleefully. "Gnomes are always small."

"¿Qué es un gnomo?" contestón Leo.

"What is a gnome?" responded Leo.

"Un gnomo es una criatura mágica del bosque. ¡Somos nosotros quienes construimos todo el bosque!"

"A gnome is a magical being in the forest. It is we who construct the entire forest!"

"¡Guau! ¡Eso es increíble!", exclamó leo. "¿Entonces puedes ayudarme a construir mi cabaña?"

"Wow! That's incredible!" exclaimed Leo. "So you can help me build my cabin?"

"¡Ah, si! Por qué no, acabo de terminar mi trabajo. ¡Empecemos!"

"Ah, yes! Why not, I just finished doing my work. Let's go!"

Leo no podía creer lo que veían sus ojos, había conocido a una criatura mágica, aún más, ¡tenía a un nuevo amigo! Leo y Basile el Gnomo se pusieron a trabajar. Basile conocía muchas cosas sobre los árboles. Combinadas correctamente, los distintos árboles tenían propiedades mágicas. Un poco de roble, y un poco de abedul de plata, un poco de cedro, un poco de avellana, lavanda para olor, un diente de ajo para librarse de los malos espíritus, y unas hojas de lima qué, según Basile, traían alegría y se deshacían de todas las cosas que lo ponen triste, y ¡listo! ¡Habían terminado! Al terminar la construcción, Basile llamó a algunos de sus amigos.

Leo could not believe his eyes. He had met a magical being and, what's more, he now had a new friend! Leo and Basil the Gnome went straight to work. Basil knew plenty of things about the trees. Mixed well, the different trees had magical powers. Some oak here, some silver birch there, a bit of cedar, a few hazel tree branches, lavender for a nice scent, a clove of garlic to get rid of the evil spirits, and a few lime tree leaves which, according to Basil, brought joy and got rid of all things that made people sad! Once the construction was complete, Basil called over a few of his friends.

"¡Mis amigos, ahora pondremos un encanto a esta casa!" dijo Basile.

"My friends will now enchant the house!" said Basil.

Un hada, un gnomo del rio y una salamandra amarilla y negra llegaron a la morada de Leo. Ellos eran tan pequeños como Basile y eran muy amables. El hada esparció polvo dorado, el gnomo del río colocó gotas mágicas de lluvia, y la salamandra chispeó unas bolitas de fuego encantadas.

A fairy, a river gnome, and a yellow and black salamander came to meet Leo. They were all small like Basil and very nice. The fairy scattered a little golden powder, the river gnome sprinkled some magical rain drops, and the salamander spat a few enchanted sparks.

"¡Y listo!" dijo Basile el Gnomo "El trabajo está completo. ¡Ahora puedes invitar a tus compañeros de clase a tu nuevo hogar!"

"And there it is!" said Basil the Gnome, "the job is done. You can now invite your schoolmates to your new home!"

Al día siguiente, Leo hizo saber que podían visitar su hogar. Como antes, sus compañeros se burlaron de él, pero esta vez Leo sabía que ganaría. Ellos llegaron frente a la cabaña quienes que por fuera miraron que era muy pequeña. Sus compañeros se rieron, pero entraron de igual forma, y todos estuvieron encantados con lo que vieron. El interior de la cabaña era gigante. Era magnífico - ¡había luz en todos lados, con varios niveles espacioso, flores, y encima de ello, todos sus amigos mágicos del bosque estaban ahí!

The next day, Leo passed around a new invitation to visit his home. Like before, his schoolmates mocked him. But this time, Leo knew that he would be the one to win. They arrived in front of the cabin, which looked, from the outside, very small. His schoolmates sniggered but entered nonetheless, and fell under the spell. The interior of the cabin was gigantic. It was magnificent – there was light everywhere, several spacious levels, flowers, and, on top of that, all of his magical friends from the forest were there!

Por ello, toda la clase de Leo se convirtieron en sus mejores amigos. Ciertamente Michi siempre sería su amigo más cercano. A partir de ese día, cada fin de semana, en lugar de jugar en la computadora o videojuegos, todos los niños se divertían en la Villa de Leo en el bosque.

Thus, the entire class became Leo's best friends, though Michi would always be his closest friend, for sure. And since that day, every weekend, instead of playing on the computer or playing video games, the entire class has fun at Villa Leo in the forest.

Arthur Nevus & Los Lentes Celestiales - Arthur Nevus & The Celestial Glasses

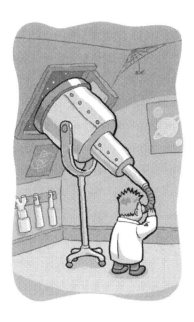

Viajar al espacio, la búsqueda de otras civilizaciones a través del universo… ¡esos son los sueños locos que tenía Arthur Nevus! Un niño curioso y muy ambicioso, el joven Arthur tenía su vista puesta en las estrellas y su cabeza en las nubes. Su habitación era un verdadero laboratorio digno de grandes sabios. Podías encontrar posters de la NASA, un montón de aparatos y todas las herramientas necesarias que un astronauta necesitaría.

To travel to space, in search of other civilizations across the entire universe … these are the crazy dreams that Arthur Nevus has! A very curious and ambitious boy, the young Arthur always has his gaze towards the stars and his head in the clouds. His bedroom is a veritable laboratory worthy of the greatest savants. You find NASA posters, a pile of gadgets, and all the tools an astronaut should have on hand.

Todas las noches, Arthur buscaba en el espacio exterior a través de su telescopio, el cual emitía una gran luz en el cielo. Desafortunadamente, un fin de semana mientras realizaba un experimento complicado, ¡una desastrosa catástrofe destruyó su telescopio por completo! Sin embargo, afortunadamente,, él recibió una pequeña cantidad de dinero para poder comprar un telescopio nuevo el día de su cumpleaños. Todo estaba listo. El miércoles por la tarde él se dirigiría directamente a la tienda de objetos espaciales en la esquina de la calle.

Every evening, Arthur searched outer space with his telescope through his skylight. Unfortunately, last weekend while he was carrying out a complicated experiment, a disastrous catastrophe completely destroying his telescope! Luckily, he was given a small amount of money to buy a new telescope on his birthday. Everything was set. On Wednesday afternoon he had an appointment at the space store at the corner of the road.

Tan pronto como Arthur entró a la tienda, pensó que había sido transportado a una nave espacial. Había trajes espaciales de todo tipo, modelos de cohetes espaciales, réplicas en miniatura de todos los planetas, telescopios, y una gran cantidad de cosas que a Arthur le hubiese gustado comprar. Mientras corría por todos los pasillos, una persona de apariencia muy graciosa apareció en medio de dos estantes. Él hablaba de gran cantidad de disparates que Arthur no podía entender.

As Arthur entered the store, he felt as if he had been transported in a space vessel. There were astronaut suits of several varieties, model rocket ships, miniature replicas of all the planets, telescopes, and lots of other things that Arthur would have liked to buy. While he was wandering through the aisles, a funny looking person appeared between two of the shelves. He spoke a kind of gibberish that Arthur Nevus did not understand at all.

"¡Buenos días hombrecito, ¿qué puedo hacer por ti?

"Well good day little man, what can I do for you?"

Tenía un pequeño mechón de cabello blanco, acolchonado y alborotado y un par de lentes que hacían que sus ojos se viesen enormes. Éste ha de ser un gran sabio, pensó Arthur.

He had a small tuft of messy white hair and a large pair of glasses that made his large eyes bulge. This has to be a great savant, thought Arthur.

"Hola señor, me gustaría comprar un telescopio nuevo," respondió él.

"Hello sir, I would like to buy a new telescope," he responded.

"Lo siento, pero no tengo ningun telescopio que pueda vender mi querido joven."

"I am sorry, I do not have any more telescopes to sell, my young gentleman."

"¡Pero claro que sí!" gritó Arthur. "He visto muchos en la entrada."

"Oh, but you do!" shouted Arthur. "I saw plenty in the entrance."

"¡Esos no son más que juguetes viejos usados para decoración! Vete, vete raudo como el viento, ¡debo seguir trabajando!"

"Those are nothing but poor toys used for decoration. Go, go, on your way, I must work!"

Pero Arthur no había terminado. Después de largas negociaciones, fue capaz de obtener algo del sabio.

But Arthur had not said his final word. After some long negotiations, he was finally successful in obtaining something from the savant.

"Escucha, hombrecito, me gustaría ayudarte, pero tienes que prometerme algo."

"Listen my little man, I would like to help you, but you have to promise me something."

"¡Está bien!" confirmó Arthur.

"Okay!" confirmed Arthur.

"Te prestaré el último telescopio que tengo, ¡el único que nunca he vendido y nunca venderé!"

"I will lend you the last telescope that I have, the only one that I have never sold and will never sell!"

"¿Por qué?" preguntó Arthur.

"Why?" asked Arthur.

"Porque no me pertenece, ¡claro!"

"Because it does not belong to me, of course!"

"¿A quién le pertenece?"

"Who does it belong to?"

"Eso es un secreto… pero, ¡quiero que me prometas que lo podrás devolver en perfectas condiciones! ¿Está claro?"

"That is a secret … but, I want you to promise me that you will return it to me in perfect condition! Is that clear?"

"¡Perfectamente claro, señor!"

"Perfectly clear, sir!"

El sabio partió, luego regresó con una máquina con apariencia graciosa, distinta a las demás. Arthur no podía creer que con esa cosa se podría ver el espacio. Un asiento de oficina estaba conectado a una gran rueda con cuerdas. Los pedales estaban puestos en los brazos y encima del aparato había una bombilla.

The savant came back with a funny looking machine unlike all the others. Arthur did not believe that thing could see into space. An office seat was connected to a huge bike wheel with strings. The pedals were placed on the armrests and on the top of it there was a large bulb.

"Sin comentarios por favor. Verás cómo funciona. ¡Ésta es la Lente Celestial!"

"No commentary please. You will see, it works. This is the Celestial Glass!"

Antes que Arthur se fuera, el sabio le dio un par de gafas similares a lassuyas.

Before Arthur left, the savant gave him a pair of large glasses like his own.

"No olvides ponértelos, de lo contrario, ¡no verás nada! ¡Ve!Felices viajes, mi querido Arthur Nevus."

"Don't forget to put them on, otherwise you will not be able to see anything! Go! Happy travels, my dear Arthur Nevus."

Impaciente, la noche llegó y Arthur se sentó sobre el asiento de la máquina. Mientras empezaba a pedalear, la rueda empezó a girar y la bombillaa iluminarse. De repente, ¡Arthur sintió que se dirigía hacia el cielo! Lleno de pánico, cerró sus ojos fuertemente. Despuées de un momento, la turbulencia se detuvo y Arthur abrió sus ojos. ¡Lo que vio fue increíble! Ee encontraba cara a cara en una gran ciudad con autos volando sobre el suelo y grandes naves que flotaban sobre los rascacielos.

At long last, nightfall came and Arthur planted himself into the seat of the machine. As he began pedaling, the wheel began to turn and the bulb lit up. All of a sudden and quite unexpectedly, Arthur felt himself being propelled towards the sky! Panic-filled, he closed his eyes tightly. After a few moments, the turbulence calmed and Arthur reopened his eyes. What he saw was incredible! He was face-to-face with a huge town where lots of cars flew above the ground and gigantic vessels glided over skyscrapers.

Mientras miraba el paisaje impresionante, un joven niño, de más o menos su edad, se le apareció.

While he was gazing at this amazing landscape, a young boy, about the same age as him, arrived.

"¡Oh, hola! ¿Has venido con el profesor Rumerec?"

"Oh, hello! Have you come here with professor Rumerec?!"

"Eh,¡ yo no conozco al profesor Rumerec!" contestó Arthur

"Um, I do not know a professor Rumerec! Arthur replied.

"Pero claro que sí – ¡fui yo quien le ofreció esa máquina!"

"But of course you do — I'm the one who gave him this machine!"

"¡Ah! ¡El sabio loco de la tienda de cosas espaciales ! Pero, ¿quién eres tú para saber fabricar una máquina como ésta, y donde estamos ?"

"Ah! The crazy scientist in the space store! Well, who are you to know how to build a machine like that, and where are we?"

"¡Mi nombre es Annko Velarenne! Estamos en el planeta Zalka, ¡precisamente en el otro extremo del universo!

"My name is Annko Velarenne! We are on the planet Zalka, precisely on the other side of the universe!"

Annko compartió con Arhur la historia de su civilización – la colonización de la galaxia, la exploración del Universo y muchas otras cosas. Luego, le dió a Arthur unas noticias terribles. El planeta Zalka estaba en muy malas condiciones. La industria del planeta había

destruido toda la atmósfera, ensuciado los océanos, contaminado el aire y quemado los bosques. El joven Annko Velarenne estaba muy triste porque pronto tendría que dejar su planeta y vivir durante mucho tiempo en una nave antes de encontrar un nuevo hogar.

Annko shared with Arthur the story of their civilization — the colonization of the galaxy, the exploration of the Universe, and many other things. Then, he told Arthur some terrible news. The planet Zalka was in very bad shape. The industry on their planet had destroyed the entire atmosphere, dirtied the oceans, polluted the air, and burned down the forests. The young Annko Velarenne was very sad because they were going to leave their planet and live for a long time in his vessel before finding another home.

"Pero, ¿cómo es eso posible? ¿No han encontrado ninguna solución?" preguntó Arthur.

"But, how is that possible? Haven't you found a solution?" asked Arthur.

"Si, pero es muy tarde… no podemos volver atrás en el tiempo."

"Yes, but it is too late … we can't go back in time."

Arthur y Annko hablaron de esto durante muchas horas. Pero Annko tenía que regresar con sus padres para partir en su nave espacial. Era el momento de que los residentes de Zalka dejaran su planeta. Cuando Annko se fue, Arthur regresó a la máquina del sabio. Luego soñó hasta la mañana siguiente en su cama, la Lente Celestial girada hacia la luz del cielo.

Arthur and Annko discussed this for many hours. But Annko had to rejoin his parents to leave in their space vessel. It was time for the residents of Zalka to leave their planet. Arthur was very sad for Annko too. When he had left, Arthur returned to the savant's machine. He woke up the next morning in his bed, the Celestial Glass turned towards his skylight.

Acababa de regresar de la experiencia más loca que había experimentado. Ahora, él sabía que había otros humanos en el espacio que los estaban observando. Arthur fue a devolver la Lente Celestial al sabio loco, el famoso profesor Rumerec, y justo en ese momento, pensó en el hecho que nosotros aún tenemos la oportunidad de quedarnos en nuestro planeta. ¡Todavía hay árboles, océanos y aire para respirar! ¡Él pensó para sí mismo, que le diría al presidente que no era absolutamente necesario que les pasara lo que pasó con Zalka! Cuando tenemos un gran hogar, ¡tenemos que cuidarlo muy bien! Unos años más tarde, el joven Arthur Nevus se convirtió en el sabio más grande de todos los tiempos, comprometido a salvar el planeta, y el primer explorador del espacio exterior.

He had just come from having the craziest experience of all time. Now, he knew there were other humans in space who were watching them. Arthur went to return the Celestial Glass to the crazy savant, the famous professor Rumerec And at that very moment, he thought about the fact that we are very lucky to live on our planet. There are still trees, oceans, and air to breathe! I will tell the president everything, what happened on the planet Zalka absolutely cannot happen to us! When we have a great home, we have to take good care of it! A few years later, the young Arthur Nevus became the best savant of all time, engaged in saving the planet earth, and the first explorer of outer space.

¡Lo que No se Ve, No se Atrapa! - Not Seen, Not Taken!

Hola, mi nombre es Tommy. Generalmente soy amigable, pero no soy muy bueno en la escuela. Afortunadamente, he encontrado un método a prueba de tontos para pasar mis clases – ¡hago trampa! ¡Debes entender, que hacer trampa requiere cierto talento! Hay muchas formas de hacer trampa, pero la parte más difícil es que no te atrapen. Para los exámenes escritos, todo lo que necesitas es una hoja de trampa en tu bolsillo y listo. ¡¿Qué?! ¿No sabes que es una hoja de trampa? ¡Es hora de darles una lección, mis amigos! Una hoja de trampa es un pequeño trozo de papel donde anotas lo que no quieres que se te olvide en el día del examen. Funciona bien, pero el problema es que es difícil de esconder. Después de un tiempo, se hace muy obvio cuando estas miras tu bolsillo todo el tiempo.

Hello, my name is Tommy. I am mostly friendly, but I am not very good at school. Luckily, I have found a fool-proof method for getting by — I cheat! You must understand, cheating requires a certain talent! There are many different ways to cheat, but the hardest part is not getting caught.

For writing tests, all you need is a cheat-sheet in your pencil case and there you have it. What?! You don't know what a cheat-sheet is? It's time to give you a lesson, my friends! A cheat-sheet is a small piece of paper, on which you write things you don't want to forget on the day of the exam. It works well as a technique, but the problem is that it is difficult to hide. After a while, it becomes obvious when you're looking in your pencil case all the time.

Me gusta mucho la técnica del brazo. Una vez, escribí la mitad de las respuestas de mi examen en mi brazo izquierdo, y la otra mitad en mi brazo derecho. Pero, si tienes que quitarte tu chaqueta por el calor, todo mundo verá que estás haciendo trampa. La clave para poder ser exitoso es nunca ser expuesto, ni por tus amigos. Los chismosos, ¡tú los conoces! No le digas a todos de tu profesión, y sí, uno puede decir que se requiere cierta experiencia y que es necesario tener varios años de entrenamiento. Personalmente, empecé a hacer trampa cuando era pequeño. En pre-escolar, probé mis prometedores talentos en pequeñas porciones.

I really like the arm technique. One time, I wrote half of the answers for my test on the left arm, and the other half on the right arm. However, don't do it in the summer, because if you take off your pullover due to the heat, everyone will see that you have cheated. The key to being successful at this is to never be exposed, even by your friends. The tattle-tales, you know them! So, mum's the word, don't tell anyone what you're up to. And yes, I should just say that this requires unusual expertise and many years of training. Personally, I started cheating when I was very young. Already in the youngest section of pre-school, I was testing my promising skills.

Pero fue al inicio del año escolar en primer grado que me di cuenta cual era mi vocación. Instintivamente, sin darme cuenta, miré sobre el hombro de mi compañero para copiar lo que había escrito. Un día, incluso robé una estrella dorada de Christelle que estaba detrás de mí, para obtener rápidamente una tarjeta. No sé si es igual en tu escuela, pero en la mía, cuando tienes diez estrellas de oro, te dan una tarjeta, y cuando obtienes diez tarjetas, ¡te dan un póster increíble! Sin duda, era necesario para mí hacer trampa para obtener mis diez tarjetas. Es lo que tuve que hacer para ser exitoso, y el resultado fue que pude obtener un magnífico póster de Harry Potter. Desde ese día en adelante, me he dicho a mí mismo que ser un tramposo es como hacer magia. Entre tú y yo, ¡nosotros sabemos que la magia no existe!

But it was the beginning of the school year in the first grade when I knew right away that it was my calling. Instinctively, without even thinking about it, I looked over my neighbor's shoulder to copy what he had written. One day, I even stole a gold star from Christelle, who was behind me, so as to get a card faster. I don't know if it's the same at your school, but at mine, when you have ten gold stars, you get a card. And when you have ten cards, you get an awesome poster! Without a doubt, I had to cheat to obtain my ten cards. It is what I did successfully, and the payoff was that I got a magnificent poster of Harry Potter. From that day on, I told myself that to be a cheater is sort of like doing magic. Between you and me, we know that magic is stupid and doesn't exist!

Escucha bien, ¡éste año solo es drama! Tengo a un nuevo maestro, el Sr. Boniface. Puedo decirte que el Sr. Boniface no nació ayer. Él es un viejo maestro que sabe todos los trucos de los tramposos. Desde el primer día, él se dio cuenta de mis talentos y me ha echado un ojo constantemente, pero no dejaré que eso me altere. En este juego, yo soy el mejor. Era necesario que yo desarrollara una estrategia que eludiera a todos mis adversarios. ¡Incluso memoricé una historia entera para poder borrar toda sospecha! Puedo asegurarte que prefiero hacer trampa – es tan divertido. Asi que, le enseñe que, sin duda, él no podía ver a través de mis juegos. Había escrito muchas hojas de trampa falsas y letras de amor en mis brazos. Más que nada, mis compañeros se reían histéricamente ese día en el aula. Era el día del examen, enrolle mis mangas y leí las frases que había escrito en mis brazos. ¡El Sr. Boniface se molestó mucho al darse cuenta que no estaba haciendo trampa!

Except, this year there is drama! I have a new teacher, Mr. Boniface. I can tell you, Mr. Boniface was not born yesterday. He is an old teacher who knows all the tricks of cheaters. From the first day, he noticed my talents in subjects and he kept an eye on me constantly. But I would not let it faze me. At this game, I am the master. I had to develop a strategy to parry my adversary's blows. I even went as far as memorizing an entire story to erase his suspicions! I can assure you that I prefer cheating — it is much more fun. So, very gently, I sowed doubt in his mind and he could not read my games. I had made fake cheat-sheets and wrote love letters on my arms. Moreover, the entire class laughed hysterically that day. It was dictation day. I rolled up my sleeves and read the phrases that were written on my arms. Mr. Boniface was very angry when he realized that I was not cheating!

Después de muchas farsas, salí victorioso con mis juegos, y el Sr. Boniface no sabía hacia donde mirar. Más tarde, pude empezar el verdadero trabajo, y resultó que, dado que teníamos que escribir un reporte sobre cierto tema, nosotros formamos grupos de tres, ¿y saben qué hice? Claro que hice trampa porque me emparejé con buenas personas. Antoine y Jamila queeran los mejores estudiantes de la clase. No podía hacer más que reírme tan fuerte cuando vi la mirada acusatoria que me dio del Sr. Boniface. ¡Pero es como decimos para nosotros los tramposos, ¡Lo que no se ve, no se atrapa!

After many practical jokes, I was successful in my game, and Mr. Boniface did not know which way to turn anymore. I could then start work for real. And it turned out well, because that year we had to write a paper on a subject matter chosen randomly. We formed groups of three, and do you know what I did? Of course, I cheated to be paired with good people. Antoine and Jamila were the best students in class. I could not help but laugh hard as soon as I saw the accusatory look Mr. Boniface gave me. But it's like we great cheaters always say: Not seen, not taken!

Por otro lado, yo quería mejorar porque me había equivocado en algo – no pude hacer trampa en el tema más fácil, aun cuando tenía la oportunidad. El tema era que nos habían dado lo siguiente: La magia en literatura y el cine. No me van a creer, pero algo raro me pasó durante todo el trabajo que hicimos en clase ese año. ¡Estaba completamente apasionado con el tema! En cierto momento, era yo el que estaba haciendo toda la investigación, y había leído al menos seis libros, visto docenas de películas, fui al circo, e incluso fui al teatro. Fue fabuloso; aprendí de muchas cosas extraordinarias, y más que nada, ¡descubrí que puedes ser exitoso por tus propios medios! Al final del año, ¡presentamos frente a toda la clase y nuestro grupo ganó la mejor calificación! ¡Nuestra exposición fue muy buena que incluso el Sr. Boniface lo distribuyó en todas las clases, incluso a los padres!

On the other hand, I felt a bit stupid because I had messed up – I did not succeed in cheating when I had the easiest subject. Chance was on my side and the subject that was given to us, my fine team and me, was the following: magic in literature and in the cinema. You will not believe me, but something strange happened to me during all of the work we did in that class that year. Yes, yes, it's true, I was completely passionate about the subject! So much so that it was me who was doing all the research. I read at least six books, watched dozens of films, I went to the circus, and even to the theatre. It was fabulous; I learned a lot of extraordinary things, and most of all, I discovered what it's like to be successful of your own accord! At the end of the year, we presented in front of the class and our group received the best mark in the class! Our exposition was so good that Mr. Boniface distributed it to all the classes, and even to the parents!

Nunca estuve tan orgulloso de mí mismo como lo estuve ese día. Paré de hacer trampa y me di cuenta que, ¡el hacer algo por cuenta propia tiene muchas recompensas!

I have never been as proud of myself and since that day I have stopped cheating. I realized that what you do on your own has a lot of merit!

Missa Rose en el País Cueva-en-Brac - Missa Rose in Cave-in-Brac Country

Missa Rose es una pequeña joven de la Tribu Suney. Con orejas puntiagudas y una cara muy delgada, los Suney son elfos de los bosques en las altas montañas. En esta tribu, una vieja leyenda cuenta la historia del Gran Sabio y el Mago Serhem-Hott. Un día, ellos se reúnen en la cima de la montaña con una piedra mágica, La Piedra de Tipheret, también conocida como la Piedra del Sol. Mientras que los elfos en la tribu Suney viven pacíficamente, una banda de celosos y malvados duendes del reino oscuro de Kuhtmal los atacó y les robó la Piedra del Sol. Tiempo después, la mamá de Missa Rose enfermó terriblemente. Ni tan solo unacto de magia podía curarla de su misteriosa enfermedad.

Missa Rose is a young, small girl from the Sunev Tribe. With pointy ears and a thin face, the Sunev are elves of the forest in the high mountains. In this elf tribe, an old legend tells the story of a Great Wiseman and Sage Serhem-Hott who came back one day from the summit of the mountain with a magical stone, The Stone of Tipheret, also known as the Sun Stone. While the elves in the Sunev tribe lived peacefully, a band of jealous and evil goblins of the dark kingdom of Kuhtmal attacked them to steal the Sun Stone. One day, Missa Rose's mom fell terribly ill. Not a single magical thing cured her of this mysterious illness.

Missa Rose decidió visitar al Gran Sabio Serhem-Hott que vivía cerca de la cima de la montaña. El juzgó que era necesario usar un gran poder mágico para poder salvar a su madre de su terrible enfermedad. Missa Rose pensó durante un largo tiempo antes de concluir que el Gran Sabio estaba hablando ciertamente de la Piedra de Tipheret, la Piedra del Sol. Al día siguiente, Missa tomó su lanza y algo de ropa y empezó su viaje hacia el valle para encontrar el temible reino de los duendes. Ella sabía lo que le esperaba. ¡Se decía que el valle estaba habitado por ogros come niños, lobos, hechiceros, y ladrones!

Missa Rose then decided to pay a visit to the Great Wiseman Serhem-Hott who lived above, closer to the top of the mountain. He judged that it was necessary to use a great magical power to save her mom from this terrible illness. Missa Rose thought for a long time before concluding that the Great Wiseman was certainly talking about the Stone of Tipheret, the Sun Stone. The next day, Missa took her stick and her bundle of clothes and began her journey into the valley to find the frightening kingdom of the goblins. She knew what was waiting for her. It had been said that the valley was inhabited by a child-eating ogre, a wolf, a sorcerer, and thieving goblins!

Después de un día entero caminando, Missa Rose llegó al pueblo de Noblerock. Era el lugar ideal para descansar. Aquí, no había nada más que humanos. Ella se dirigió a un pequeño hostal donde un joven muchacho se le acercó. Casualmente, él también había escuchado la leyenda de la Piedra del Sol y quería encontrarla junto a ella. Su nombre era Iseod y su padre, un mago, le había entregado la Piedra de la Luna. Emocionada de encontrar a un aliado, Missa Rose aceptó la oferta de Iseod de unirse a la aventura.

After an entire day of walking, Missa Rose arrived in the town of Noblerock. It was the perfect place to rest. Here, there was nothing but humans. She made her way inside an inn, where a young boy approached her. By chance, he had also heard the legend of the Sun Stone, and wanted to find it. His name was Iseod, and his magician father had given him the Moon Stone. Excited to meet an ally in her quest, Missa Rose accepted Iseod joining her.

Al amanecer, Iseod, con la Piedra de la Luna, y Missa Rose, con su magia, partieron con mucho coraje para poder enfrentarse a los monstruos del valle. Nadie los detendría. Sin embargo, el primer día, fueron atacados por un grupo de renacuajos balbuceantes. El segundo día, fue una multitud de hadas malvadas, y al tercer día, ¡fue un dragón con tres colas! Afortunadamente, Iseod tenía una espada encantada y Missa Rose tenía una varita mágica. Ellos lograron eliminar a todos sus enemigos por su cuenta, pero lo peor estaba por venir. Casi nadie había regresado con vida del Reino oscuro de Kuhtmal. En el décimo día llegaron a su destino. Un gran rótulo de madera decía: *"¡Malditos aquellos que entren al País Cueva-en-Brac, el Gran Reino de Kuhtmal!"*

At sunrise, Iseod, with his Moon Stone, and Missa Rose, with her elf magic, left with a lot of courage to confront the monsters of the valley. They weren't given a break at all. Straightaway on the first day, they were attacked by a group of slobbering toads. The second day, it was a hoard of evil fairies, and on the third day, it was a big dragon with three tails! Luckily, Iseod had an enchanted sword with him and Missa Rose had a magical wand. They were successful in eliminating all their enemies on their own. But the worst was yet to come. Almost no one had ever returned alive from the dark Kingdom of Kuhtmal. On the tenth day, they finally arrived at their destination. A big wooden sign said: Cursed be those who enter Cave-in-Brac Country, the Great Kingdom of Kuhtmal!

Era terrorífico. Un poco más adelante, detrás del rótulo, podían ver unas grandes escaleras hechas de piedra que descendían a las profundidades de la tierra. Aquí fue donde empezó su verdadera aventura. Tomando sus manos con coraje, entraron al reino malvado de los duendes. Las escaleras descendían muy profundamente y ni una sola luz iluminaba su camino sobre las gradas, pero Iseod tenía más de una cosa en su bolso. Equipado de la Piedra de la Luna y con la ayuda de un viejo encantamiento, fue capaz de disipar la oscuridad con luz. ¡Cuánto más avanzaban, más se veían forzados a tapar sus narices, el olor en el aire era nauseabundo!

It was terrifying. A bit further along, behind the sign, they could see a big stone staircase that descended into the depths of the earth. It was then that their true quest began. Taking their courage in both hands, they went into the evil kingdom of the Goblins. The stairs descended very deep and not a single light lit their way. But Iseod had more than one trick in his bag. Equipped with his Moon Stone, and with the help of a very old magical spell, he was able to disperse the darkness with light. The more they advanced, the more they were forced to hold their noses, as the smell in the air was putrid!

De repente, ¡escucharon quejidos! Eran los duendes quienes se quejaban, ya que estaban alarmados por la luz que emitía Piedra de la Luna.

"¡Rápido!" decían ellos, "¡Debemos escondernos!"

Corrieron rápidamente para encontrar un lugar seguro.

"¡Ahí! ¡Justo ahí detrás de la piedra!" gritó Missa Rose.

Fue justo ahí cuando vieron el objetivo de su misión. Justo detrás de ellos, no muy lejos de la piedra donde se ocultaban, había un puente retráctil sostenido por una gran columna, e incrustado en él estaba la famosa Piedra de Tihperet, la Piedra del Sol. Ya que había estado por mucho tiempo en la oscuridad del Reino de Kuhtmal, ya no tenía más brillo. Iseod y Missa Rose se apresuraron a recuperarla antes que los duendes llegaran, luego volvieron y se escondieron otra vez.

All of a sudden, they heard shouting! It was the Goblins shouting as they must have been forewarned by the light emitted by Iseod's Moon Stone.

"Quick!" they said at the same time, "We must hide!"

They ran flat out trying to find a safe spot.

"There! Right there, behind that rock!" yelled Missa Rose.

It was there that they finally saw the purpose of their mission. Just behind them, not far from the rock where they were hiding, a suspension-bridge led to a big column, and embedded in it was the famous Stone of Tipheret, the Sun Stone. Sadly, in complete darkness in the middle of the Kingdom of Kuhtmal, it did not shine anymore. Iseod and Missa Rose hurried to recover it before the Goblins arrived, then returned to hide.

Viendo que la Piedra del Sol había desaparecido, los duendes caminaron hacia la columna. Iseod dejó su escondite y con la ayuda de su espada encantada, violentamente cortó las cuerdas que sostenían el puente. Los duendes no podían darse vuelta e Iseod junto con Missa Rose podían ahora regresar a la superficie de la tierra. El camino de regreso fue más tranquilo que la entrada. Al llegar al pueblo humano de Noblerock, Missa Rose le preguntó a Iseod que le acompañara a su pueblo. ¡Ahora, enoamorado de Missa Rose, aceptó sin dudarlo!

Seeing that the Sun Stone had disappeared, the Goblins rushed towards the column. Iseod left his hiding spot, and with the help of his enchanted sword, he violently cut the cords that held the bridge. The Goblins could not turn around and Iseod, along with Missa Rose, could now return to the surface! The route back proved to be calmer than the way in. On the path to the Human town of Noblerock, Missa Rose asked Iseod to accompany her back home. Having secretly fallen in love with Missa Rose, he accepted without hesitation!

Al llegar, la madre de Missa Rose tenía un aire de una mujer moribunda. Con la ayuda de toda la tribu, la llevaron a la casa de Serhem-Hott, el Gran Sabio. Cuando la vio, sin embargo, creyó que ya era muy tarde y que estaba muy enferma y que la Piedra del Sol no sería suficiente. Después de grandes invocaciones mágicas, la Piedra del Sol brilló intensamente. Durante las siguientes horas, el Gran Sabio hizo todo en su poder para poder salvar la madre de Missa Rose, pero a pesar de ello, su enfermedad era más fuerte que el sabio.

When they arrived, Missa Rose's mother was close to death. With the help of the entire tribe, they brought her to the house of Serhem-Hott the Great Wiseman. When he looked at her, however, he feared it was too late, that she was too ill — the Sun Stone would perhaps not suffice. After some great magical invocations, the Sun Stone shone very brightly. During the hours that passed, the Great Wiseman did everything in his power to save Missa Rose's mother, but in spite of this, her illness was stronger than he was.

Justo antes de que su madre diera su último suspiro, Missa Rose la abrazó fuertemente, diciéndole "Te amo mamá, ¡no te vayas!". Todo mundo empezó a soltar lágrimas, y luego, de la nada, ¡la enfermedad desapareció! La madre de Missa Rose se recuperó y pudo responder a su hija: "Yo también te amo hija". ¡Hurra! Gritó la tribu de alegría - ¡habían curado su enfermedad! Más tarde, Missa Rose e Iseod después de sus grandes aventuras, se casaron. ¡Unificaron a los humanos y a las tribus de elfos y nunca más fueron atacados por los duendes!

As her mother was about to take her last breath, and her life was about to depart for other horizons, Missa Rose hugged her mother very, very hard, saying, "I love you mom, don't go!" Everyone stayed quiet, not knowing what was going to happen then, all of a sudden, the illness left her! Missa Rose's mother recovered and could then respond to her daughter, "I love you too my dear." "Hooray!" the tribe shouted for joy — they had cured the illness! Later on, Missa Rose and Iseod, after all their adventures, finally got married. They unified the human and elf tribes and they were never attacked by the Goblins again!

Esto es lo que dijo Missa Rose cuando llegó su tiempo de ser madre: "¡Finalmente, el amor, como siempre, es el acto más grande de magia!"

Here is what Missa Rose said as soon as the time came for her to become a mother: "Finally, love, like always, will remain the best kind of magic!"

Mateo No Comparte Nada - Mateo Shares Nothing

Mateo vive en una propiedad privada rodeada de un bosque. Su casa se asemeja a un pequeño castillo con un jardín lleno de un sinfín de juguetes. ¡Que pondría a cualquiera celosos! Él tiene un trampolín, una piscina, un gran deslizador, una pequeña bicicleta eléctrica, un mini golf, y muchas otras cosas que complacerían a cualquier niño en el mundo. Mateo va a la escuela siempre bien vestido, con galletas y pastel para el recreo, y claro, ¡una bolsa de dulces! En todo caso, Mateo tiene de todo: canicas, tarjetas de Dragon Ball Z, tarjetas raras de Pokemon, y cada consola de videojuegos con todos los juegos disponibles. Cualquiera diría que no le falta de nada.

Mateo lives in a huge private property in the heart of the forest. His house resembles a small castle and his garden is filled with an uncountable number of toys. What he has would render anyone jealous! He has a trampoline, a pool, a giant slide, a small electric bike, mini-golf, and many other things that would please any kid in the world. Mateo always goes to school well dressed, with cookies and cake for recess, and, of course, a full bag of

candy! In any case, Mateo always has everything; marbles, Dragon Ball Z
cards, rare Pokemon cards, and every video game console with every game.
One might say that he's not short of anything.

De hecho, el problema de Mateo, ya que tiene todo, es que nunca
quiere compartir. Aún si no terminase su comida en la cafetería, no
le daría a nadie lo que le sobre. El no parece ser malo, pero nadie
entiende porqué es tan egoísta – él quiere todo y todo para sí mismo.
Como resultado, Mateo no tiene amigos. Nadie quiere jugar con él
porque siempre quiere tener la mejor posición en cualquier situación.
El resultado es que Mateo siempre se encuentra sólo en la banca
durante el receso, con sus teléfonos, gominolas y galletas. Ni las niñas,
ni los niños quieren verlo. Aunque Mateo lo tiene todo, siempre está
terriblemente aburrido. Como hijo único, no tiene un hermano o
hermana con los que pueda jugar durante el fin de semana, y cuando
camina por el pueblo para encontrar a sus compañeros, ellos hacen lo
que sea para evitarlo.

In fact, Mateo's problem, even though he has everything, is that he never
wants to share. Even if he doesn't finish something in the cafeteria, he
won't give the remainder away. He does not seem mean, but no one
understands why he is so selfish – he wants everything for himself, and
only for himself. So, Mateo has no friends. No one wants to play with him
because he always wants the best role in the best situation. The result
is that Mateo can always be found alone on a bench at recess, with his
mobile phone, his candies, and his cookies. Neither the girls nor the boys
want to see him. Although Mateo has everything, he is terribly bored. As
an only child, he doesn't even have a brother or sister to have fun with on
the weekend. And when he walks through the town to find his schoolmates,
they do everything to avoid him.

Un día, en medio del año, una joven niña llamada Miranda empezó en
su escuela. Todo el mundo hablaba de la nueva alumna. Como ella no
conocía a nadie, ella se acercó a Mateo durante el recreo. Intrigado por
la nueva compañera, que no parecía ver que Mateo no compartía nada,
pero algo intimidado, no pudo rechazar compartir dulces con ella. Ahí
fue donde Mateo se enamoró por completo de Miranda, quien quería
ser una amiga para él. Ellos se divertían mucho juntos durante toda la
clase y los compañeros no entendían porque Mateo quería compartir

con Miranda. Ya que ella no era tímida, poco a poco, se hizo amiga de todo mundo. Cuando vió que su amada lo dejaba, Mateo no supo que hacer, más que regresar a su propio rincón.

One day, in the middle of the year, a young girl named Miranda arrived at school. Everyone called her the newbie. Since she did not know anyone, she approached Mateo during recess. Intrigued by this new arrival who gave the impression that she hadn't noticed that Mateo did not share anything, and being timid, he was not successful in refusing her some candies. And that is how Mateo fell totally in love with Miranda, who really wanted to be his friend. They had fun together all the time and the entire class could not understand why Mateo wanted to share some things with Miranda. Since she was not shy at all, little by little, she became friends with everyone. Seeing that his love was leaving him, Mateo, not knowing what to do, preferred to return to his corner.

Él no pensó que regresar a la soledad sería muy difícil. Entonces decidió invitar a Miranda a su casa por la tarde. Estaba asustado ya que era la primera vez que invitaba a alguien a su casa. El día terminó siendo uno de los mejores de su vida. Miranda era realmente una chica genial a quien no le importaban mucho las apariencias. Todo era perfecto, hasta que Mateo decidió decirle la verdad. Con mucho valor, le explicó que tenía sentimientos por ella y le preguntó si quería ser su novia. Esto no sorprendió a Miranda ni por un segundo. Mientras que Mateo le dio un tour de su propiedad en su pequeño tren eléctrico, ¡Miranda lo besó! Mateo sentía su corazón acelerarse, y se puso todo rojo.

He did not realize that the return to solitude would be so difficult. So he decided that he would invite Miranda to come to his house for an afternoon. He was a bit scared, as it was the first time that he had invited someone to his house. That day was one of the best of his life. Miranda was a really great girl who did not care about appearances. Everything was perfect, until Mateo decided to tell her the truth. With a lot of courage, he explained that he had feelings for her and asked her if she wanted to be his girlfriend. This did not surprise Miranda for one second. As Mateo gave her a tour of his property in his small electric train, Miranda kissed him on the cheek! Mateo felt his heart start to race, and he blushed.

"A mí también me gustas mucho Mateo," dijo ella "Me gustaría mucho ser tu novia, pero, ¡con una condición! Tienes que dejar de ser tan egoísta a partir de hoy"

"Me too, I like you a lot Mateo," she said. "I would really like to become your girlfriend, but on one condition! You have to stop being selfish from this point on."

Mateo sintió que estaba en una pequeña nube; luego, inmediatamente empezó a caer en la tierra. ¡Cómo se atrevía! ¡Hizo de todo por ella, hasta la invitó a su casa!

From being on cloud nine, Mateo fell back down to earth. How dare she! He had done everything for her, even invited her to his house!

"Pero… pero…," tartamudeó Mateo, sin saber que decir.

"But… but…," stammered Mateo, not knowing what to say.

Mateo no tuvo tiempo para responder ya que los padres de Miranda habían llegado a recogerla. Él estaba muy triste, pero al mismo tiempo muy enojado. No entendía por qué todo mundo quería que donara todo lo que él tenía. ¿No era de él, a pesar de todo? No tenía que comprarles dulces, ¿verdad? Los días pasaron y Mateo volvió a encontrarse solo. Él había tenido suficiente de Jeremy quien intentaba conquistar a Miranda. Era absolutamente necesario encontrara una solución, de lo contrario, nunca podría estar con Miranda.

Mateo did not have the time to give a reply, as Miranda's parents had just come to pick her up. He was really sad, and, at the same time, angry. He did not understand why everyone wanted him to give away what he had. Wasn't it his, after all? They just had to buy their own candy, didn't they? Days had passed and Mateo again found himself alone. But this time, he could not take it anymore, especially when he realised that Jeremy was trying to chat up Miranda! He absolutely had to find a solution, otherwise he could never be with Miranda.

Un día, mientras la clase estaba jugando al Bulldog, se acercó a Miranda para preguntarle si podía jugar con ellos. Los otros realmente no lo querían, pero Miranda insistió. Al final del juego, mientras todos se iban, Mateo gritó "¡Esperen, esperen! ¡Tengo algo para ustedes!" El trajo consigo la bolsa más grande de gominolas del mundo. "¡Todos tomen uno!" Pero Miranda le miró fijamente, "Eh, ¡quise decir tres cada uno!" agregó él. Todo el mundo estaba contento. Poco a poco, Mateo empezó a compartir. Compartió galletas, pastel, y gominolas; prestó su Gameboy, ¡incluso su patineta! Cuanto más tiempo pasaba, más amigos hacía.

One day, while the class was playing British Bulldogs, he approached Miranda to ask if he could play with them. The others did not really want him, but Miranda insisted. At the end of the game, while everyone was leaving, Mateo shouted, "Wait, wait! I have something for you!" He had brought with him his largest bag of candy. "Everyone take one!" But Miranda cast a glare at him. "Um, I meant to say three each!" he added. Everyone was very happy. Little by little, Mateo began to share. He gave out cookies, cake, and candies; he lent his Gameboy out, and even his scooter! The more time that passed, the more he became friends with everyone.

Cuando llegó su cumpleaños, invitó a toda la clase para divertirse en su casa. Sus amigos no podían creer lo que veían – ¡era como un parque de diversiones! Era magnífico. Todo mundo se divertía y se reía gozosamente. Fue cuando Miranda, mientras buscaba a Mateo, vio como él presentaba su perro a su grupo de amigos. Ella lo llevó al pequeño tren eléctrico donde había pronunciado su amor por ella.

When his birthday arrived, he invited the entire class to have fun at his house. His friends could not believe their eyes — it was a like an amusement park! It was magnificent. Everyone had fun and laughed joyfully. Then Miranda went to find Mateo who was introducing his dog to a group of his friends. She pulled him over to the small electric train where he first pronounced his love for her.

"Entonces, ahora ves que es más divertido cuando compartes con tus amigos, ¿verdad?"

"So, you see that it is more fun when we share things with our friends, right?"

"Es cierto Miranda, tenía que haber visto esto antes," respondió Mateo.

"It's true, Miranda, I should have realized that earlier," responded Mateo.

Miranda entonces se le acercó, y, al igual que la última vez, su corazón se aceleró. ¡Ella le dio un beso en la boca!

Miranda then approached him. Like the last time, his heart began to beat very fast. And she gave him a kiss on the mouth!

En ese momento, Mateo se dijo a sí mismo, ¡Al fin, es cuando damos que recibimos!

At that moment, Mateo finally said to himself, that it is when we give that we receive!

Sabrina & El Libro Mágico de Hechizos - Sabrina & The Book of Magic Spells

Sabrina es una niñita que, ciertamente, tiene la peor actitud de toda la escuela. No es buena idea molestarla, ya que es la más grande y fuerte. Si alguna vez tienes la mala fortuna de jugar con ella, este es un pequeño consejo: No ganes para nada. Sabrina odia perder sobre todas las cosas. Una vez, mientras ella jugaba al baloncesto en el jardín de la escuela, ella se peleó con Mickael porque su equipo perdió. ¡El pobre Mickael se rompió un diente! Esto debería decirte lo tembile que es Sabrina – Mickael es uno de los chicos más fuertes. Asi que, recuerda, es necesario apartarse de Sabrina y decir que sí a todo lo que pide, ¿está claro?

Sabrina is a little girl who has, certainly, the worst attitude in the entire school. It is not smart to annoy her, as she is the biggest and the strongest. If you ever have the misfortune of playing with her, here is a word of advice: do not win at any cost. Sabrina hates losing above all else. One time, while she was playing basketball in the schoolyard, she fought with Mickael because her team lost. Poor Mickael broke a tooth! This should tell you how frightening Sabrina is — especially as Mickael is one of the strongest boys. So, remember, you have to leave Sabrina alone and say yes to whatever she asks for, is that clear?

Les digo esto porque tengo la oportunidad de correr más rápido que ella, a pesar de que soy baja, pero demasiado como para enfrentarme a ella. Mi nombre es Remy, ¡y Sabrina es mi hermana! Por lo que la conozco bien. Les advierto a todos mis amigos no ser el enemigo de Sabrina. ¡Cuidado! Pero, un día, Sabrina me confió algo.

I am telling you this because I had the chance more than once to run faster than her, measuring one metre twenty tall. But now, I make myself very small and will never run against her again. My name is Remy, and Sabrina is my sister! As I know her well, I warn all of my friends not to be Sabrina's enemy. Beware! But, one day, Sabrina was in an awful state and confided in me.

"Tú sabes Remy, ¡estoy cansada de asustar a todo mundo! No me gusta estar enojada. Cuando estoy así, ¡siento que me pongo de muy mal humor!"

"You know Remy, I've had enough of making everyone scared! I don't like being angry and what's more, when I'm like that, I find myself very ugly!"

Realmente no supe que decir hasta que recordé una de las historias de mi abuelo. Era la leyenda de uno de nuestros ancestros que había escondido un libro viejo de hechizos mágicos en el jardín. Sabrina pensó que estaba bromeando. Intenté convencerla de que no estaba mintiendo. Después nos pusimos a buscar este famoso libro de encantos, sin mucho éxito. Sabrina no se rendiría. Para poder cambiar su personalidad ella tenía que encontrarlo de cualquier forma. Después de algunas peleas y disputas, finalmente encontramos el libro de los hechizos. Estaba enterrado en la tierra en un viejo cofre de madera.

I did not quite know what to say until I remembered one of my grandfather's stories. It was the legend of the family of one of our ancestors who had hidden an old book of magic spells in the garden. Sabrina thought that I was kidding at first. I had to put my running talents to the test again! I swore to her I was not lying. We then left to search for the famous spell book, but without much success. Sabrina was not going to give up. In order to change her personality, she had to find it at all costs. After a few fights and disputes, we finally found the spell book. It had been buried in the ground in an old wooden chest.

No nos sorprendimos cuando, después de que encontráramos la tarjeta del tesoro, nuestra pala golpeó violentamente el cofre, ¡empezamos a cavar en el jardín como arqueólogas buscando huesos de dinosaurio! El libro de los encantos era magnífico. Estaba cubierto de madera y joyería dorada que brillaba intensamente. Lo que había dentro del libro de los hechizos era absolutamente fabuloso. Había todo tipo de fórmulas mágicas, así como como transformar una paloma blanca, como hacer un encanto de amor, como sacar siempre una nota perfecta en un examen, como volar como un pájaro con polvo de hada, conocer criaturas mágicas del bosque, y otro montón de fórmulas y trucos para todos y para todo.

Imagine our surprise when, having found the treasure map, our spade lurched violently towards the box and we found ourselves digging the garden like archeologists looking for dinosaurs! The spell book was magnificent. Its cover was made of wood and golden jewellery that shone brightly. What was inside the spell book was absolutely fabulous. There were all sorts of magical spells, such as how to transform a toad into a white dove, how to make a love spell, how to always get a perfect score in dictation, to fly like a bird thanks to fairy dust, where to meet magical beings in the forest, and a bunch of other formulas, tips, and tricks for anyone and anything.

Pero lo que le interesaba a Sabrina era una fórmula mágica muy especial. Esto es lo que decía:

But what interested Sabrina was a magical formula that was very special. Here is what it said:

"¡Adquiera unos ajos, un poco de baba de caracol, diez deshechos de conejo! En una cacerola (o sartén), ponga la primera capa de cebolla, ajo, y deshechos de conejo. Espero unos minutos, y cuando el olor sea muy fuerte, agregue un poco de baba de caracol. Deje que repose, cubierto, debajo de la luna. ¡El primer día del mes, destape lo que ha preparado, mezcle con agua, y tómese hasta la última gota!"

Procure some garlic, some snail slime, and ten very fresh rabbit droppings! In a pan, brown the first layer of an onion, garlic, and the rabbit droppings. Wait a few minutes, and when the smell is too much, add a touch of the snail slime. Let it sit, covered, under a full moon. On the first day of the month, uncover what you've prepared, mix it with water, and drink it to the very last drop!"

¡Bueno! Al menos no miente – no es tan malo como parece. Sé que esto es cierto porque Sabrina se hubiese enojado muchísimo tan pronto como se tomó la poción. Al principio, no pasó nada. Me empecé a preparar para correr al ver su cara mirándome como si me fuese a golpear. Pero finalmente, algo increíble sucedió, la expresión de Sabrina se suavizó, su voz fue más dulce, y ¡su mirada era la de una persona amorosa! ¡Incluso yo, que le tengo mucho miedo, empecé a querer mucho a mi querida hermana!

Ah well! No word of a lie, it's not as bad as it seems! I know this is true because otherwise Sabrina would have been furious the moment she drank it. At first, nothing happened. I began to prepare myself to run, seeing the baffled look on her face. But at the last moment, Sabrina's facial features softened, her voice became light and dulcet, and her look was one full of love! Even I, who was scared of her, gave my sister a huge hug!

¡Se transformó en una persona realmente amable! Nadie en la escuela podía creerlo. Los niños aún tenían miedo de ella hasta que se dieron cuenta que Sabrina se había convertido en alguien muy amigable. ¡Incluso había un chico llamado Jordan que quería declararle su amor! Actualmente, no había ninguna necesidad de correr o de ser complaciente – Sabrina aceptaba perder y siempre estaba de buen humor.

She and I, we didn't look back and she was transformed into a very nice girl! Nobody at school could believe it! The kids continued to be scared of her until they realized that Sabrina had truly become kind. There was even a kid named Jordan who wanted to declare his love for her! Presently, there was no need to run or to be obliging — Sabrina accepted losing and was in a really good mood.

Pero, cierto día, llegó el drama. Por alguna razón desconocida, el hechizo se rompió y la fórmula mágica ya no tuvo más efecto. Mientras estaban jugando al bádminton en el gimnasio de la escuela, Sabrina perdió su partido contra Julien. De repente, ella tiró su raqueta a la cara de Julien. Llena de pánico, me recordé un consejo viejo que le había dado a ella, y corrí rápidamente alrededor de todo el gimnasio gritando, "¡Auxilio! ¡Ayúdenme!". Al principio, los niños se rieron, pensaron que era una broma que Sabrina había hecho, pero eso solo la enojó aún más. Algunos instantes después, su clase entera empezó a correr por todos los lados. ¡Fue caótico! Intenté razonar con ella, ¡pero nada!

But one day, drama arrived. For some unknown reason, the spell wore off and the magical formula didn't work anymore. While we were playing badminton in the school gym, Sabrina lost her match against Julien. All of a sudden, she threw her racket at Julien's face. Panic stricken, he remembered an old piece of advice that I had given him, and went rushing around the entire gymnasium, yelling, "Help! Help! Help me!" At first the kids laughed; they thought Sabrina was playing a trick. But that only made her even madder. A few moments later, the entire class began to run in every direction. It was total chaos! I even tried to reason with her, but that didn't work!

Ella intentó calmarse. Sorprendida que la fórmula ya no tenía ningún efecto sobre ella, salimos a ver qué era lo que decía el libro de los hechizos. Estipulaba que era necesario repetir el proceso para cada mes. Cuando vi lo que decía, me preparé para evitar el enojo de Sabrina, pero, en contra de toda expectativa, ella estuvo completamente tranquila. Sabrina dijo que al final, ¡la verdadera magia ocurre cuando nos transformamos a nosotros mismos! A partir de ese día, Sabrina se convirtió en alguien muy amable gracias a sus propios esfuerzos para ser una persona mejor.

She eventually calmed down. Surprised that the formula did not work anymore, we left to see what the spell book said. It stipulated that it was necessary to redo the process each month. When I saw what was written, I ran away to hide from Sabrina's anger. But, against all expectations, she stayed perfectly calm. After all these adventures and the kilometres run in flight! Sabrina said she finally thinks that the real magic is when we transform ourselves on our own! And from that day on, Sabrina became very nice thanks to her own efforts to improve herself.

Conclusion

Reading is a magical activity that can transport you to wonderful places without even having to leave your own home. I hope this book was able to do that for you. Even more, I hope you were able to improve your second language skills at the same time.

Did your reading skills in Spanish improve as you went through the stories?

Did your listening skills get better as you listened to the audio?

Did you follow along and practice your pronunciation?

I hope you did, and I hope you had as wonderful a time with this book as I did in creating it for you. Here is a piece of advice I want to share with you:

Keep reading. It will enrich your mind and make you an even better version of yourself — better not only in school, but in life as a truly kickass individual!

Keep learning Spanish. It will open up so many doors for you, I promise. As long as you are on your language-learning journey, I will be here to help.

Gracias, thank you

Frédéric

How to download the MP3?

Go to this page: mydailyspanish.com/bedtime-audio

Trouble to download the mp3? Please contact Frederic at contact@
mydailyspanish.com

Printed in Poland
by Amazon Fulfillment
Poland Sp. z o.o., Wrocław

58749133R00040